U0111774

大展好書　好書大展
品嘗好書　冠群可期

武術
武道技術③

泰拳基礎訓練讀本

舒建臣 編著

大展出版社有限公司

目　　錄

5

目　錄

第一章

泰拳的歷史和發展狀況

第一節　泰拳的基本概念

　　泰拳發源於亞洲的泰國。泰國古稱「暹羅國」。泰拳在泰語中叫做「摩易泰」，英語中譯為「Taiboxing」或者「Boxinggofthai」。從歷史文獻的記載上看，泰拳已經有700多年的歷史。歷史上，泰民族由於民族人口較少，飽受四方強鄰的欺凌和蹂躪，處在這種惡劣環境中的暹羅民族極其需要時刻保持高度警覺、強健的體魄、高度的團結與紀律，以及用堅強的意志來保衛自己的家園。在這種背景下，古代暹羅拳術也就應運而生了。它包括了一些以踢、打、摔、拿、絆等為主要內容的民族特色拳藝。這些早期的泰拳雛形在歷史發展的長河中，跨越了數不盡的坎坷，卻始終頑強地繁衍在泰國這片熱土上。

　　從歷史文獻記載上可以看到，泰族原來居住在中國西南一帶的廣大地區，也就是今天的雲南、貴州等地。唐代時，在這裏建立了南詔國，並受到唐朝王室的冊封。以後改名為大理國，宋朝時成為中國的藩屬國。元代，大理國被蒙古大軍所滅，成為中國的行政省份之一。居住在這裏的泰族人民為了避免壓迫和蹂躪，逐漸遷移到今天泰國北

部的邊陲地區，沿著湄公河居住下來。直到西元 1275 年，他們發展成了一個強大的泰民族，並定都於素可泰，開始了歷史上有名的暹羅國時代。

隨著暹羅歷史的演變，有關泰拳的起源問題也就有了不同的傳說。據一些史料記載，1350 年是大城王朝發展的鼎盛時期，拳鬥之風遍及全國，無論老幼均喜愛拳藝，城鎮鄉村都在傳播。1411 年，清邁王駕崩，兩位王子為爭奪王位，兩軍對壘，武力對峙多年，後經多方調解，雙方同意各派勇士作為代表，以比武勝負來決定由誰繼承王位。經過激烈的搏鬥，南方拳手因受傷敗給了北方選手。這一戰成為泰國歷史上首次有記載的比武賽事。

在這期間，傳說暹羅國有一位名叫卡儂冬的勇士在一次戰爭中與十幾名緬甸士兵相遇，卡儂冬使用了泰拳的前身——暹羅拳徒手與緬甸士兵搏鬥，擊傷了所有的緬甸士兵。回國後，國王重獎了卡儂冬，並讓他負責訓練士兵。由此卡儂冬成了泰拳的開山鼻祖。

另一種說法認為是古暹羅王創造了泰拳。據說，西元 1560 年，暹羅國與緬甸發生了戰爭。在一次戰鬥中，暹羅王那尼遜戰敗被俘。緬甸國王知道暹羅王是一位英勇善戰的搏擊高手，便提出讓暹羅王與緬甸的拳師高手比武，如果暹羅王能夠戰勝緬甸拳師即可被釋放回國。

比武中，暹羅王採用兇狠的膝撞、腳踢、肘刺等招法擊敗了緬甸拳師，取得了比武的勝利。暹羅王被釋放回國，受到了人民的熱烈歡迎。後來，他根據自己的搏擊經驗，創造了一套適用於戰場的空手肉搏格鬥技術，傳授給士兵們，並給這種拳術起名為「泰拳」。

　　對於泰拳的起源還有一種說法，認為它是根據一種叫「潘藍」的古拳法演變來的。16世紀初，處於拍那尼尼遜朝代的泰族為了抵抗外族的入侵，規定軍人必須練習一種被稱為「潘藍」的古拳法，以提高泰族士兵的徒手搏鬥能力。這種古拳法即是現代泰拳的雛形。

　　古代泰拳拳法是以在戰爭中消滅敵人為目的，拳法招式比較兇殘。不僅要求在搏鬥中拳打、腳踢、肘擊、摔跌對手，還常常使用頭撞、口咬、抓捏、挖眼、肩撞等狠毒的招式。

　　時至今日，泰拳在擂臺比賽中，已經限制了許多狠毒的招式。經過幾百年的反覆實踐和運用，並於近代引進了西方拳法中的比賽方式，使得泰拳的技藝最終限於拳、肘、膝、腿的運用。泰國在全國組成統一的拳擊議會，使泰拳的技藝向著更高的層次發展。隨著國際性武術交流的廣泛開展，泰拳也在全世界廣泛傳播，其價值和地位已在世界各國引起廣泛的重視。

第二節　古代泰拳

一、古代泰拳的歷史演變

　　泰拳起源於泰國，是由民族藝術演變成現今泰民族的國技，也是泰族精神的象徵。從古代泰拳到今日的泰拳，經歷了「玫瑰園」「國柱廟」「葉庵」「是樂園」「萱昭策」，一直到「叻喃隆」和「侖披尼」等幾個拳場時代。

　　自西元1411年首次記載了拳鬥勝負以來，至西元

1518 年，暹羅王改革兵制，頒諭令，制定了《制勝術》，其內容收錄了拳術、兵器和武備等方面知識。西元 1555 年和 1606 年的「派那黎萱」時代，派那黎萱大帝為了安定國家，將拳術列入軍訓項目，並命名此拳術為「奔南」，也就是那時的暹羅土拳。「奔南」的內容中已有許多使用身體不同部位攻擊對手的招式，且招招兇狠。

西元 1662 年後的數年間為拍佛駝昭的「虎王」時代，拍佛駝昭身為一國之君，特別喜愛技擊，並經常裝扮成平民去參加佛寺盛會中舉辦的拳賽，取得勝利後又悄然離去。此事一時被傳為泰拳史上的佳話。

西元 1774 年，拳師乃克儂東在與緬甸武師的決鬥中，連續擊敗 9 人而保持不敗，揚威緬京，成為泰拳史上的光輝一頁，泰國人民為紀念這位偉大的英雄，特將乃克儂東擊敗緬甸武師這一天定為泰國拳師節。

1898 年，為拉瑪五世朱拉隆功時代，泰皇拉瑪下諭令設立了「皇廷拳師」制度，在全國有重大活動時，召集各地拳師獻技表演，獲得優勝的拳師可以免交稅賦，並可獲獎金。

1917 年，暹羅軍遠征歐洲，途中駐守在法國邊境時曾作暹羅拳術表演，受到法國人的極高評價。

1920 年，泰皇拉瑪六世拍蒙骨告為野虎軍團籌募資金，在玫瑰園學府廣場舉行盛大的拳賽，為拳壇掀開新的一頁。其中「柯力府」的表現比較出色。

1928 年，被稱為「泰北腿王」的乃彭拳師在比賽中踢死了高棉拳師。受其影響，再加上西方拳擊傳入泰國，泰拳比賽也由過去的纏麻式（見圖示）變為「戴手套式」，

比賽的回合也逐漸減少為五局。

1937 年，隨著泰拳發展的需求，泰國政府首次頒佈了全國統一的泰拳競賽規則，至此，泰國全國的泰拳擂臺比賽制度和形式趨於完善統一。第二次世界大戰爆發後，泰國飽受戰爭摧殘，泰拳拳壇隨之日漸蕭條，數年間僅在一些佛寺盛會時偶有拳賽舉行。第二次世界大

纏麻式

戰結束後，著名的「叻喃隆」拳場開創了泰拳擂臺競技的新時期，其時全泰各地拳師英雄紛紛進京獻藝，拳壇一時蓬勃空前。「叻喃隆」露天拳場時代，在 1946～1951 年這一段時間裏被稱為泰拳的黃金時期，也為現代泰拳的擂臺競技邁出了第一步。緊接其後的 1956 年的「侖披尼」拳場，又推動泰拳向前開闢了新局面。「叻喃隆拳場」和「侖披尼拳場」的建立，為眾多的泰拳拳師提供了施展才能的用武之地。

二、古代泰拳的較藝形式

古代泰拳是古代泰民族的一項傳統體育活動，有技擊表演和娛樂的作用。它大體分為三種形式：泰拳單練、泰拳對練和泰拳群練。根據古代泰民族的民族習俗，每逢重要的節慶日，例如春節或夏至，泰族人便穿上漂亮的民族

服裝，祭祀拜祖，然後載歌載舞，並以拳術表演作為壓軸戲。現在，這些遺風在泰國國內以及我國西南地區的傣族人聚居地還可以見到。

泰拳在表演時，拳師們大多佩戴貢鐵、吉祥環和神物，有的拳師還將身體紋出各種動物形狀，或者在腿部紋以花紋圖案，具有很強的觀賞性，象徵著泰族人民的堅強精神。並且在其中寄託著趨吉避凶的願望。開始表演時，他們模仿著野獸的動作，配之以技擊的動作招式，還伴隨著笙鼓的節奏，令觀賞者感到賞心悅目。

14世紀古暹羅大城皇朝時代，古代泰拳的擂臺較藝之風盛行，當時的較藝形式主要由「徒手式」構成，後來逐漸改變為「馬皮條」裏拳，也就是古代泰拳的「拳甲式」。這種拳術的較藝僅限於在皇城宮廷中進行，民間多見的是以粗麻纏縛拳腕的「纏麻式」，此種拳術較藝，名為「纏麻拳擊」，一直延續數百年，直到20世紀30年代，才被「拳擊手套式」所取代。

古代泰拳的這種纏麻式較藝，要求拳師以粗麻纏縛雙拳，自有其重要的意義。在較藝中拳手之手作為主要的格鬥部位，在被纏麻之後，可令拳臂強硬有力，在較藝中無論擋架還是進攻都很強勁。纏縛雙臂的粗麻種類有好幾種，在玫瑰園至國柱廟拳場時代的拳師多用麻繩。

纏麻方式在泰族中也有地域之分。泰國東北部的拳師擅用腿踢，腿踢法既高且勁猛，故所用纏縛拳臂的麻繩較長，捆縛拳頭、前臂直到臂彎，用以抵擋對手的腿攻。中部地區華富裏拳師主要運用拳法，拳招快速且準確，因此麻繩纏縛較短，至多纏至腕部。泰國南部拳師擅長肘膝招

法，即善於內圍揮肘撞膝，故纏拳麻繩長短不一，因拳師不同纏麻方式也不盡相同。

此外，北部南邦府的拳師亦見赤臂上陣較藝者。

三、古代泰拳的拳法組成

古代泰拳經過歷代著名拳師的系統研究和整理，逐漸把過去不同的思想和環境地理所形成的不同風格、不同宗派的泰拳拳派和拳功功法，統一為一套較為系統的古代泰拳。它們大體由基本技擊動作、拳樁、三宮步、招式技法、母招子招、花招技法等部分組成。

下面簡要介紹古代泰拳拳法的主要內容。

(一)基本技擊動作十二式

泰文譯名	注解
捆腕	兩臂平胸成交旋勢
掄拳	兩拳先後交換上落勢
掩耳	上提腕臂護側面
高提掩	兩臂交換高抬
攔格	手由外向內撥
斜擋	拳臂斜上格
戴冠	屈肘抬臂前沖
併肘	兩肘齊架敵腿
踢臀	側舉足後彈踢勢
耍膝	兩膝連上踢
獻蓮	俯首前觸勢
回踢	迴旋後擺踢

以上為古代泰拳拳法的基本動作十二式，是古代泰拳必須掌握的基礎。

(二)拳樁

拳樁也可以稱為戒備姿勢。站立時身體略偏向對方，兩拳一前一後，高與肩平，形狀似弓箭；兩腿微屈膝站立。擅長以右手、右腳攻擊者為左手在前、右手在後，擅長以右手、右腳攻擊者姿勢相反。

(三)三宮步

三宮步為泰拳著名的技擊風格步法，亦即馬步。它所體現的是以拳樁連同步法整體運行的技巧。泰拳的基本拳步以八方移動為主，循羅盤的方位形成進退或側移步法。泰拳的三宮步在傳統神話中被描繪成拍藍降魔神技，可見其步法的精妙。泰拳拳師在以三宮步發動進攻時，能夠促使其精神和拳功氣力的合一，增強獲勝的信心。泰拳的著名拳師便－頌察說，在拉瑪六世御前的一次拳賽中，有位功夫極高的拳師，一開始行拳，便將對手嚇得兩腿發軟，眼神慌亂，尚未交手便已敗下陣來。由此可見泰拳步法中拳樁移位的優勢。

泰拳步技中的三宮步站立姿勢呈斜三角形，運腳時以沿三角形路線為基本步法，進可攻，退可守。

泰拳在運用三宮步法時，可以根據實戰需求，變換出多種運足方式：

1.**點滴式** 從拳樁開始，翹足欲進，提膝做上下排護。

2. **蓋步式** 採用點滴步式迷惑對方時，虛懸的一腿下落，或前或後，以利於旋身發招。

3. **易式** 運足易式，利用腳步的移動，突然改變方向，出其不意地攻擊迷惑對方，或化解對方攻擊的運足移步法。

(四)招式技法

古代泰拳在傳說中有 108 招技法，其中包括奇技、詭招等。古代泰拳纏麻拳擊時代所進行的拳賽，比現今的戴拳套式的拳賽更為兇狠，拳招極多，花樣翻新。當時，拳師並無體重級別的區分，比賽也不分回合，更沒有時間長短或者擊打數量的限制，雙方只能搏鬥到一方服輸或者一方再也無能力進行比賽方才作罷。因此在比賽中，拳手受傷或致殘的現象比比皆是。

在拳賽中拳師所用的拳招沒有任何禁忌，可以採用各種投摔、反關節、飛擊、頭觸、臀撞、地戰、跌撲等招法，甚至有的拳師還使用撩陰、戳眼等陰險招數。

泰國南德古巴縣拳師陳基 1916 年在拳賽中，就以戳指戳瞎對方的眼睛而聞名四方。到了 1924 年的萱昭策擂臺賽中，北部拳師乃碰僅以布袋遮護下身，結果下身受了重傷，送往醫院救治。記錄泰拳的專著由泰拳名師鑾威訕奴那功編寫，他把古典泰拳分別列為單勢、連勢、花招拳訣和絕招四部分。他指出，拳手練至三級水準後，需要練習高級技法，高級技法包括拳訣 16 條、摔法 16 式。由於鑾威訕奴那功編寫的古泰拳法內容精闢，後被泰國政府體育廳作為體育教師的基本教材，成為當時的權威之作。

招式技法由基本招式、母招子招、花招奇技等組成。

基本招式有長兵和短兵之分。長兵指拳和腿,短兵則指肘和膝。

同時基本招式又分為虛招和詭招,作為虛實之用。

1. 基本招式

(1) 頭兩式:前抵、側抵。

(2) 拳五式:直擊、側擊、回擊、佯擊、上沖。

(3) 腳五式:踢、蹬、釘、回擺、後踹。

(4) 膝六式:明膝、暗膝、騰膝、飛膝、小膝、兔膝。

2. 母招子招

實戰攻防招數分為母招和子招。這裏收錄了 20 世紀 20 年代華裔宗師金成－他威實所傳的母招和子招各 15 式,總共 30 式。它包括了泰拳的基本招式和花樣招法,非常實用,極受泰拳拳壇人士的重視,並被譽為典範之作。下面按照泰文譯名,加簡注列之於下。

(1) *母招*

泰文譯名	注解
曲折步形	外圍格架
飛鳥投林	內圍格架
依諾挺劍	內圍肘
爪哇標槍	外圍肘
拜須彌山	低拳式擊頜
慈僧善目	高拳式擊頜

蒙民捍衛	蹬腳對拳
擊木楔	肘攻對踢
鱷魚擺尾	腿踢對拳
斷象拔	肘砸腿股
神龍擺尾	封腳膝擊腿
天王轉化	腳蹬對踢
減火焰	格拳反擊
魔王搏猴	踢撞對拳

（2）子招

泰文譯名	注解
神象奮齒	擠身沖頜
抹面腿	格拳踢面
鬼王摟美	卸拳拿摔
天神射箭	封腳膝擊腿
折鳳翼	內外閃肘劈
獅子跨澗	避閃蹬後踢
野鹿回頭	後蹬追踢
神猴獻寶	內卸沖頜
蛟龍鬧海	俯避踏膝
山神捲土	擋踢旋身反肘
越漁撒網	撥蹬彎膝
漫歌擎柱	避踢後蹬
紮花環	內閃肘擊胸
老僧掃庭	掃腿劈肘
斬葫蘆	內閃肘劈面

（3）花招奇技

花招奇技是上述 30 式泰拳外的一些具有藝術性的花形招式。下面列出一些難度較高的或具有代表性的招式，以便保留古代泰拳的原有風格。

泰文譯名	注解
隱士投湖	飛身頭觸
麻雀取水	上擊拳
天王擲輪	轉身鞭拳
鱷魚擺尾	反身後蹬踢
鱷魚戲尾	三合踢法
牡鹿耀角	雙飛腿踢
蛇驅壁虎	連環撞踢
雀女戲水	挾頸抽踢
天神制軍	沖身蹬腿
天地過海	飛身高踢
栗鼠登松	踏膝下擊肘
戰象交齒	雙肘下砸
轉戰龍門	後抽肘擊
波濤拍岸	轉身撞肘
流星沖霄	飛身沖撲
神猴騰空	飛身撞膝
天神搏象	低身環膝
仙妃坐壇	飛身臀撞
天神折箭	拗臂封肘
鯰魚張刺	回手肘擊
天神入林	騰身撞膝

神猴擲妖	執腿摔跌
坐折凶僧	低身破馬
武將回槍	執腳側踹

以上共收錄了古代泰拳有代表性的經典 24 式，充分體現了古代泰拳的技藝招式勢如盤龍、行拳連綿不絕和高超的技擊效果。然而，泰拳技藝的高超，又和它的練功方法是分不開的。

四、古代泰拳練功法

古代泰拳因各個地區環境的不同，表現出不同的拳技特色和拳派。古代泰拳的名師在授技傳徒時要求比較嚴格，授技主要以培養身體素質和自衛防身為首要目的。如果拳師認為弟子資質較差，屢練而無功進，筋骨欠佳，則回絕弟子進一步修練和深造的要求。

練功要法上，古泰拳將練功分為練體魄和練武兩部分，鍛鍊體魄是練拳的基本功夫，經過每日的勞動和鍛鍊，才能入門正式修習拳術。

(一)練體魄

古泰拳主要採用望日、擔水、舂米、劈柴四種方式鍛鍊體魄，這是泰拳弟子每日必習的內容。

1. 望日　這是古泰拳練功方法之首選。對於望日有兩種說法。一種是泰拳師認為眺望太陽，日久可以鍛鍊目力，經過這種鍛鍊，日後在陽光刺激下不會眨眼或者目眩，就能在較技中集中目光去對付對手。另一種說法是泰拳師認為望日為歷代拳師秉承的風氣。此外，作為習拳弟

子必須早晨練跑步，但不要求長跑。

2.**擔水**　泰族人運水的方法有多種，其中以竹匣盛水最為常用。泰拳中的練習擔水，是以肩擔或用臂挾盛了水的竹匣於腰間，然後徒步行走。由於長距離徒步行走，既鍛鍊了肩臂膂力，又因腰肋部長期承受重物壓力而變得異常有力，在實戰中可以有效地對抗對手的攻擊。

3.**春米**　採用此法，可以強壯練習者的腕臂的勁力，以及強化整個上身的肌肉。泰國人春米時是以春杵（春杵選用堅硬木材製成，重約 6 磅，長約 1～1.5 公尺，頭與尾較粗大，中間一段較細，稱之為「頸」，便於以手執握）擊向椿錐中央，動作熟練者可以在春杵下落時鬆手，待其反彈時再攫之。如此反覆一放一收的活動，形成節奏，久練功效甚佳。

4.**劈柴**　泰族的先輩多以木生火，常入山林伐木取柴，伐木時使用一種長柄斧作為工具。從事伐木的勞動，鍛鍊了人的指掌、肩膀、脊背的肌肉，故習練泰拳者常以伐木劈柴作為力量練習，以增強體能和力量。

(二)練功秘技

泰拳的弟子們在經歷了體魄的訓練後，便可以正式習練泰拳拳藝。古代泰拳學藝時，首先要學會握拳及拳椿站法，接著學習各種基本拳法。其後，練習各式武功。

古代泰拳的武功練習有布功、打檸檬、粉試、早浴、踢香蕉樹、拖橋六項。它們作為練功主要方法，還有一些練功方法可以作為輔助手段。

1.**布功**　古拳法練功法門之一。由練功鞏固拳椿，使

拳手在進退時保持拳樁戒備姿勢，使對手無懈可擊。

布功的練法是將泰族人所用的浴巾裹成條狀，披於頸上，浴巾尾部纏裹拳頭，兩手緊握，左手高擎於眉心正前方 20～35 公分，右手側提於頜側，兩肘懸空，間距 12～18 公分。此法實為「式」，與拳樁相似。行功時向前、向左或向右邁步，「式」不能變；進左腳時左拳為拳鋒，進右腳時右拳為拳鋒。練習時要注意兩拳須隨身體的移動而變勢，動作要輕靈。練習熟練後，可由浴巾纏裹拳頭改為露指。此方法練習日久，可以增強拳臂的力度，手法靈活自然。

2. **打檸檬** 泰拳中有擊打懸吊著的檸檬的方法，專門用於提高擊打的準確性與靈巧性。此方法是用線繩吊檸檬 10 個，每個吊起的檸檬間隔約 12 公分，懸吊高度與練習者面部同，徒手擊打檸檬。練習中，可以用肘撞臂擋，全力應付被擊出又蕩回的檸檬，勿使檸檬擊中自己的面門。進行徒手擊打時，拳手必須精神集中，一邊擊打，一邊估測檸檬被擊沖蕩的路線，要求兩拳擊打要輕巧靈活，不使蠻力，出拳每發必中。如果用以懸吊的繩索斷裂脫開，要重新開始練習，否則習之無功。檸檬被擊打時，常常出現幾個被擊的檸檬亂擺而互相碰撞的情況，拳手置身其中，要全力對付，直至應付裕如。

3. **粉試** 這是古代泰拳進行上路防守練習的主要考驗內容。粉試習練法是拳師讓一個徒弟把香粉與水混合敷面，盤腳坐在臼底之上，另一徒弟穿戴布縫製的露指拳套揮拳攻之，其形與纏麻拳擊相似，坐者盡力封擋躲避之。揮拳中如果擦傷坐者，會因所戴布縫拳套接口粗糙而傷及

對方皮膚，洗浴時會感到疼痛難忍。

粉飾練功的要點在於封擋對方拳招，如被打倒跌下臼底，則證明功力不足。如果拳師發現徒弟面部粉幕留有擦拭痕跡，也表明練功效果欠佳。古泰拳法纏麻時代後期的拳招技藝之兇狠、防守技術的嚴密，都與此嚴格的練功法密不可分。

4.**早浴** 在泰拳中，早浴練法也被稱為水功，它的習練目標是使拳手膂力強勁，全身有力。尤其是玫瑰園拳場時代京畿府拳將乃榮，被譽為「神猴」，以擅用中角拳而聞名。乃榮練功時，清晨入得河中，扔一椰子於水中，兩手出拳輪流擊打椰子，直至椰子被擊至沉入水下才罷手，因此，拳臂力量和堅韌性大增。

早浴練功法在泰拳中分為三種，第一種是拳手沿著河邊水深 20 公分處疾速跑步，疾跑時兩腳翹足向下用力踩踏，練習日久，可增強拳手腿勁。練習時，不僅可以沿河邊疾跑，也可以從岸邊向水深處疾衝，至水深至膝關節處為止。第二種方法是拳手站在齊腰深水中，兩腳平穩站立保持重心，舉掌反覆下拍水面，待水中成團的氣泡上浮，即以另一手屈肘下擊氣泡。如此兩手交換拍擊，身體順勢往後逐漸搖動。練此功法可使拳手拳、臂、腹部的肌肉異常有力。第三種是拳手練眼功法，拳手站在水深至胸處，兩手沒入水中，仰掌撥水入目。古代泰拳認為此方法可以增強眼力，但現代泰拳已沒有此練法。

以上功法是否有效，還需要科學的探討和驗證。

5.**踢香蕉樹** 古代泰拳拳手練習腿功，多以香蕉樹為踢擊對象，把踢香蕉樹作為每日練功的重要內容。

踢香蕉樹練習法是拳手選擇一根直徑約 20 公分、長約 1.5 公尺的香蕉樹幹，將其立於平地上，拳手對著香蕉樹幹用腿踢之，兩腿輪流發力踢擊，但是不能將香蕉樹幹踢倒，而是用腿擊的勁力保持樹幹的平衡，因而在踢擊時兩腿要快速倒換踢擊才能做到保持樹幹平衡。練習熟練後，拳手可以選擇更長的樹幹進行練習。練習此法可以鍛鍊發腿的速度和柔韌性，使腿部變得更加堅強有力。20 世紀 20 年代的著名拳師乃塌－宗咯精於此功，因腿功甚佳而被譽以「神腿」美名。

6.拖橋　古泰拳師練步，依循羅盤的八個方位做進退練習，稱為八方運足法，拖橋也是其中重要的練習方法。

此方法是兩位拳手對面而立，一方拉住另一方的一條腿，快速進退拉拽，或者旋轉拉拽。被拖拽者須以單腿站立，要求靈活應變消解而不能被對方拉倒，同時，兩手須保持戒備姿勢而不鬆懈。此功法練成後，拳手可以保持單腳立地時拳架平穩，心態上亦能保持鎮靜，不至於因倉皇而被對手所乘。

前面介紹了古代泰拳的一些基本內容，從中可以看出，古代泰拳的大師高手們儘管對許多事物缺乏科學的認識和瞭解，但在拳藝方面卻能夠充分利用天然資源，選擇和製作練習器械，為現代泰拳奠定了很好的根基。

古代泰拳的拳師們不僅具備了高超的拳技，更讓現代人敬佩他們那種一往無前、無所畏懼的精神，使古老的泰拳充滿了永恆的魅力，促使熱愛拳術的人們努力仿效和學習，使得泰拳的演進日益成熟、博大精深。

第三節 現代泰拳

由於泰拳所獨具的魅力，在世界各地都引起了廣泛而濃厚的興趣，許多研習者和專家投入了對泰拳的教學和研究工作中。作為一門比較精到的武藝，近年來更是獲得了空前而迅速的發展，使得泰拳日益走向表演化和競技商業化，反過來又刺激了泰拳理論與技術的進一步深化。中國武術的選手在上個世紀八九十年代與泰拳拳手開始了小範圍的接觸和比賽，結果雙方互有勝負。但由於當時比賽規則的限制，泰拳技藝中的肘法和膝法被禁用，因而難以體現出泰拳的綜合技法的全部風格。

21 世紀初，中國特警引入泰拳作為訓練課程，以求進一步提高特警的格鬥技擊水準。同一時期，在武漢體育學院舉辦了中國首屆泰拳教練員培訓，聘請了泰國知名的拳師授課，為中國武術界全面瞭解泰拳打下了基礎。近幾年，隨著中國功夫「散打王」比賽的連續舉辦和推出一系列新的比賽形式，中國散打和泰拳進行了多次較大規模的搏擊比賽，引起國人的密切關注。

從中、泰武術比賽的實戰技術分析，中國散打運動員大多以搶點和摔法取勝，而泰國運動員多以功力和招法取勝，由此可見泰拳技術的優秀性。隨著中國功夫與泰拳的不斷接觸，在中國武術愛好者中也出現了學習泰拳的熱潮，對於泰拳在中國的傳播產生了積極的影響。

一、現代泰拳簡介

　　如前所述，泰拳經歷了幾百年的發展歷程，經過歷代拳師的反覆實踐、去蕪存菁，將許多奇招怪式加以改造或者清除，並於近代引進了西方拳擊的競賽方式，使得其攻防技術最終只限於拳、肘、膝、腿幾個部位。1970 年 8 月，泰國拳擊議會成立，確立泰拳為泰國的國技。泰拳主要以兩拳、兩肘、兩膝、兩腿八個部位施用技法，故又被稱為「八臂拳術」「八條腿的運動」「泰式自由搏擊」。

　　以我們的評價，現代泰拳技藝介於中國散打和國際拳擊之間。現代泰拳不僅可以用拳法，也可以使用肘法、膝法、腿法、摔技攻擊對方。

（一）現代泰拳拳法

　　泰拳的拳法不像拳擊的拳法那麼細膩，與中國武術的拳術招式也不相同。泰拳的拳法素來以粗獷潑辣、剛勁灑脫而揚名於世，其招法簡練、直接、有效。泰拳選手的拳頭過去使用紗布纏包，熟練的拳師會把拳頭包紮得形似五芯尖峰，較藝時出拳重擊，常會使對方頭破血流。直到後來引進西方拳擊方式，拳手才戴上軟手套，不過其在比賽中仍顯得比西方拳擊更為兇狠。

　　泰拳拳法在運用中一般是由腿踢、肘擊、膝撞開路，並起到掩護作用。職業化的拳手的拳招顯得特別兇悍威猛。根據泰拳史料記載，泰拳名師曾經戰勝過無數的西方拳擊名家和東洋拳悍將，中國武術界的一些拳手也常常敗在他們手下。泰拳歷史上擅長使拳的著名拳師有被譽為

「獪子拳」的佬通、「常勝將軍」阿也氏、「左神拳」頌蓬、「死神星」頌狄等。其中名拳師頌蓬經常突然發出左手直拳，命中率極高，常常一招制勝，因此大受拳迷青睞。1946年頌蓬和菲律賓拳王斯馬較藝時，他施用左手拳，僅用26秒鐘就把斯馬擊倒在地。

在泰拳的競賽規則中，規定拳手不准用頭撞、牙咬和擊打對方襠部，而擅長拳法的拳手則幾乎不受任何規則的限制，可以用雙拳隨意進行連續攻擊。

（二）現代泰拳肘技

肘擊技術在泰語中稱之為「索」。在泰拳的比賽和實戰中，肘擊技法的使用機會和次數僅次於膝擊，因而不可輕視。泰拳的肘擊技法實際上比較簡單樸實，與中國武術中的肘法技術相差無幾。泰拳的肘技多用於貼身格鬥，或者與膝技相互配合運用，以追求攻防兼備、上下連環的效用。運用肘技和膝技進行攻擊時，對方防守往往非常困難，觀看泰拳的實戰搏擊，有時拳手忽然向對手一陣猛烈的腿踢，緊接著發出膝、肘的招法，面對這種攻擊，即使是經過嚴格訓練的對手也很難防範，而且這也是使外國選手驚詫不已而且導致失敗的地方，因為他們極難判斷泰拳拳手這種上下齊攻的擊打法到底哪裡是真正的擊打點，無法採用正確的防守方法。

泰拳的肘技是實戰運用中最高超的技術，有「擺命肘」之稱。肘擊法不僅可以用來攻擊對手，也可以用肘部格擋對方的拳腳攻擊，如以砸膝來消解對方的攻勢等。1970年，泰拳師黎威與素稱「天將」的狄立對壘時，黎

威屢進無功，戰至最後一局，黎威迫近狄立，突然揮肘，一招擊中其鼻梁，頓時血流不止，比賽結束。從中可以看出泰拳肘擊技術的厲害。

(三)現代泰拳膝技

膝擊技術在泰拳中稱為「求」。近距離實戰時，膝技便成為常用招法。膝技的實用價值在泰拳中與腿技不相上下。泰拳拳手一旦貼近對方近戰，便會發揮其膝技攻擊的優勢，令對手因胸部或頭部遭受重創而敗下陣來。在實戰中對手如果以雙手進行阻擋，也會被膝技頂撞使手肘發麻而亂了方寸。因而膝技是習練泰拳者必須掌握的技法之一。美國的自由搏擊冠軍賓尼，有「噴射機」之稱，但在與泰拳名師巴育的較量中，就敗在其膝技之下。泰拳名師中擅用膝技者，有綽號「膝虎」的乃汪、「通天膝」狄西蓮、「缺膝師王」汝眉等。

這裏值得一提的是在泰拳技藝中有一著名招術「拉頸撞膝」。此招既可在進攻時運用，也可在防守時發招，非常機動靈活。使用此招，如果對方處於防守狀態，我方首先以墊步向前，發直拳擊打對方面部，對方撥格，我方迅即兩手搶抱對方頸部，緊接著以左膝衝撞對方胸部。對方中招而劇痛無力。接著我方兩手用力壓按對方頸部，動作不停，跳起用右膝衝撞對方面部。

如果對方進攻而我方處於防守狀態時，面對對方的猛撲，我迅速向左側躲閃，緊接著在移動中用兩手按壓對方頸部，然後跳起，以左膝衝撞對方面部。

(四)現代泰拳腿技

腳踢技術在泰語中稱為「笛」。泰拳的腳上功夫是其主要的技術。腿技適用於中距離或遠距離攻擊。腿技是所有泰拳拳手都酷愛的技法，其特點是簡練快速，異常靈活刁鑽，發招兇猛剛烈，故素有「鐵腳」之稱。在泰拳實戰中，一旦某方拳手被對手腿腳踢中，常常是勝負立分。

在泰拳拳師中擅長以腿技戰勝對手的當首推稱為「旋風腿」的亞披勒。亞披勒在與「左神拳」頌蓬的交手中，不到三個回合，亞披勒抓住一個機會迅速揮腿，將頌蓬的臂部踢折，這一戰成為泰拳史上的經典比賽戰例。

1986 年 9 月在曼谷擂臺賽上，泰拳王大衛以一記左腿高側腿擊斷日本名將的手臂，從而使日本拳手嘗到了泰拳腳上功夫的非同一般。

(五)現代泰拳摔技

摔法在泰拳實戰中一般多用於防守反擊，其招法也較直接簡練，例如常用的絆掃腿摔、托腳摔、摟腿摔等，都是較實用的摔法。在泰拳的歷史沿革中，摔法也成為一種較高級的泰拳綜合性打鬥技術。實踐表明，拳手若能成功地施用摔技，不僅在實戰中起到舉足輕重的作用，甚至會決定一場比賽的勝負。泰拳的摔法常常令很多對手感到害怕。

泰拳拳手經過長期的艱苦訓練，身體用於攻擊的部位鍛鍊得堅硬異常，特別是膝、腿和肘部更加有力、兇猛。在緊張激烈的打鬥中，拳手總是踢、打、撞、頂、砸、肘、膝並用，場面上總是拳腳交加，招式連貫，動作兇

猛，對手稍有疏忽，瞬間便會招致重創，此等情景往往讓人感到驚心動魄。應當說，泰拳已經具備了完整高效的實戰技巧和拳手所具有的獨特的民族精神、旺盛的鬥志，這都使得古老的泰拳吸引了世界上眾多的拳迷。

前些年日本國創造了一種新的武技——踢拳道，試圖粉碎泰拳「五百年無敵」的神話。但後來在香港舉辦的拳手無佩具的「王者之戰」擂臺賽，可算得上世界最高水準的徒手搏擊，結果日本踢拳道培訓的高手均戰敗而歸。比賽進行到最後，由荷蘭名將德加文與泰拳拳手沙瑪來爭奪「傅聲紀念杯」，而德加文本人又是泰拳弟子，所以這場決賽實際上就成了泰拳選手之間的較量了。

從泰拳的實戰戰術中看，泰拳的招法似乎很粗糙，然而事實並非如此。一名好的拳手要經過一系列嚴格的訓練與多次考驗，並經歷多次擂臺賽的實戰經歷才可能逐漸成熟起來。現今的泰國把泰拳作為學校的體育課程教授，學生一般從十四五歲甚至更小的年齡就開始進行身體素質訓練。初期以奔跑、跳繩、游泳開始，接著練習身體的柔韌性。當身體素質、體力和柔韌性具備一定基礎後，老師才開始進行拳術動作的教學。在泰國的鄉村裏，經常能看見人們把椰子吊成一排，老師讓學生腳踢、膝沖、肘頂、拳擊，訓練學生手腳的硬度和靈活性，同時輔以模擬實戰訓練，進行進退閃避攻防練習。學生要想成為泰拳的高手，光是腳上的功夫訓練就需要多年。

過去，泰國拳師就地取材，用香蕉樹幹代替沙袋訓練腳脛的硬度。因為香蕉樹幹外軟內堅，拳手腳踢香蕉樹幹，腿腳的皮膚在猛烈的撞擊和摩擦下卻鮮有磨損，反而

覺得很舒服。由於選擇香蕉樹幹可長可短，腿擊時可以做或高或低的踢擊，隨著練習次數增多，香蕉樹幹最後被踢斷，這又激勵了拳手的習拳耐性，保持了較高的訓練興趣。現在，在大城市的泰拳拳館中不再採用此種方法訓練了，多以沙袋代替香蕉樹幹進行踢打練習。

二、現代泰拳的拳場

泰拳從民族藝術演變成職業體育，經歷了玫瑰園——國柱廟——埋庵——是樂園——萱昭策直至現代的「叻喃隆」六個拳場時代。「叻喃隆拳場」於 1945 年建成，隨後在 1956 年建成「侖披尼拳場」。「叻喃隆」和「侖披尼」兩個拳場的建立，為眾多的泰拳拳師提供了用武之地，也為泰拳的發展起到了重要的推動作用。1984 年，據泰國官方統計，全泰國 71 府共有固定拳場 84 個，這個數目還不包括各種小型的臨時拳場。已經註冊的拳館6105 間，拳師人數達到 65650 人。如果連同一些半職業化或者非正式拳師，總人數約為 10 萬人。今天的統計，全泰國的拳場、拳館已達 7000 餘間，習拳人數約達 230 萬人，這其中包括業餘拳手和職業拳師。

現在的泰國首府曼谷幾乎天天都有拳賽，每到週日的比賽還要進行電視轉播。泰國國家軍隊的士兵都要接受泰拳訓練，中等學校把泰拳列為體育運動。泰拳在泰國的這種蓬勃景象，使其成為全國性的最大規模的體育運動。

由於連續戰勝了自由搏擊、拳擊、空手道、泰拳道、摔跤等其他武技的高手，泰拳日益威名遠揚。世界上很多國家和地區掀起了學習泰拳的熱潮，在荷蘭的泰拳拳館已

經超過1000家，法國巴黎僅在一個地區即約有泰拳拳館2000家，並由此演變出法國的「腿擊術」。日本創立了將泰拳進行改編的新武技「踢拳道」。還有很多國家不惜重金聘請泰拳拳師去本國傳授泰拳。

三、現代泰拳的拳館

泰國的泰拳拳館一般有拳手5～10人。拳館的監護人多為昔日的拳師，他們在管理拳館的同時又兼任教練員，訓練新一批泰拳拳手。大多數拳師從運動員退役後，都將培訓拳手和傳授泰拳作為他們新的職業和嗜好，樂此不疲。教授泰拳的館長訓練拳手多數是分文不收的，因為只要能參加搏擊比賽就有利可圖。館長拳師只要能訓練出技術高超的拳手，拳手就可以從比賽所得的分賬去支付拳館經費，因而館長在訓練拳手時不惜氣力，將自己的經驗和技術和盤托出，毫無保留地把絕招絕技授與弟子。

拳手們在傳授弟子技術時，常讓他們相互之間的對打近似於實幹硬拼，拳手在訓練中的攻防轉換基本上都是模擬擂臺實戰，這樣練習會使拳手們的技術運用效果越來越精。這種看似兇悍的泰拳訓練方式，能夠在日復一日的訓練中培養出拳手的意識反應能力，快速掌握泰拳的實戰技術本領。

四、現代泰拳的拳手

由於泰拳比賽的激烈程度超過許多其他武技比賽，對拳手的體能和基本素質的要求非常高，因而拳壇規定拳手的年齡應在17～40歲之間。泰國拳手一般每年出賽8～

10 次。由於年齡限制，泰國首府曼谷的拳場也限制拳師出場年齡至少 18 歲。但是為了成為一名好拳師，拳手多從幼年起便開始接受泰拳訓練了。

一個拳手參加擂臺賽的黃金時期在 5 年左右，最多 8 年。拳手精力最旺盛的年齡在 23～28 歲之間。此後便因生理和傷病等方面的原因，體能逐年下降，技術水準也開始處於下滑狀態，因而到 35 歲左右，大多數拳師就已經退出擂臺，還能夠堅持比賽的為數極少。

職業的泰拳拳師的拳壇生活是十分清苦和近乎殘忍的。由於拳賽薪酬較高，拳師們為了生計也願意為此而拼命努力。因為拳賽可以使他們名利雙收，獲得較高的社會地位。初上擂臺的泰拳拳手，每場比賽僅可獲得 100～300 銖泰幣的報酬，如果是名噪一時正在走紅的拳師，每場比賽則可獲得不下 10 萬泰銖，如果是全國的頂尖高手，其身價可以漲到每場比賽不論輸贏均獲 20～30 萬泰銖之多。如此高報酬的吸引力，使得幾乎每一個拳手都全力以赴地投入艱苦的訓練，在擂臺上竭盡全力地展現自己的技術水準，以求逐步提高自己的地位，一步步提高所獲得的報酬。

幾乎所有的泰拳拳手為了保持自己的技術水準，都過著單身生活，他們認為，一旦親近女色，自己的拳壇生涯就會受到影響，所以他們大多數都要等到退役以後才成家。

五、現代泰拳影響的民風

自從有了暹羅民族以來，泰國民族就養成了尚武的精神，現代泰拳將泰拳引入體育比賽的範疇也不過是近幾十

年的事情。泰民族歷來民風強悍，人們之間好勇鬥狠不是新鮮事，稍有言語不合便動手比武是家常便飯。泰國的執政者不滿意這種強悍民風，便設立武術比賽來排解糾紛，以制止民間的私人鬥毆。執政者在這樣做的同時，不知不覺將泰拳推入了體育比賽的範疇，同時又維護了國家的傳統民族文化。

在日常生活中，泰國人在閒暇之餘，多以打拳、觀拳、賭拳為樂，也形成了一種長期的社會風氣。步入拳場，擂臺上拳手的激烈刺激的打鬥與擂臺下的賭徒、遊客及一般觀眾的浪潮般的呼喊聲交織在一起，這種氣氛是其他體育項目根本難以相比的。一些拳迷為場上難測的輸贏而下注賭博，將賭博和拳賽混為一體，這樣一來，泰拳的每一場比賽都吸引了大批的賭徒，並且由於賭博而造成的比賽弊端也就應運而生了。泰國政府對此深惡痛絕，曾在1972年試圖在拳賽中禁賭，無奈這種拳賽賭博已成頑疾，覆水難收，早已成為泰拳比賽的一大特色，根本禁止不住。泰國政府最終採取檢查制度來管理拳賽，有些事情也只能睜一眼閉一眼了。

反過來看，泰拳拳賽如果沒有賭博，可能就難以有那麼多的拳迷擁躉，拳賽的氣氛就不會那麼狂熱了。而正是由於拳迷們那種排山倒海般的掌聲和呼喊聲，使得泰拳拳手們打起十二分精神，使盡全身解數去爭取贏得勝利，這也進一步增加了泰拳比賽的巨大魅力。

在泰國首都曼谷以及各府、地、市，每天清晨6時許，就可以看見泰拳的拳師們單個或者集體在曠野或操場上跑步、練拳。每當他們途經一些樹木時，便就地取材，

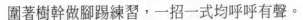

圍著樹幹做腳踢練習，一招一式均呼呼有聲。

　　進入盛夏的泰國，天氣乾旱炎熱，氣溫很高，是一段令人無精打采的日子，但是人們一旦談論起泰拳拳術，便立刻充滿了活力。可見泰拳對於泰國人民的生活影響有多大了。

六、現代泰拳的比賽方式和特點

　　泰拳比賽的擂臺是一個面積約為 8 平方公尺、高約 1 公尺的木製方形台，臺面四角有四根立柱，立柱上按上中下分別繫有三根粗圍繩，臺面上鋪有一層薄地毯。賽臺上有一位主裁判，台下有兩位裁判、計時員及監護醫生。

　　泰拳比賽開始前的儀式非常奇特。泰國人崇拜佛教，素有佛國之稱。泰拳的發展也深受古老的宗教影響，因而泰拳比賽前的儀式也富有濃厚的宗教色彩。拳賽擂臺上擺設著精美的花台或小神龕，供拳手在比賽前做短時間的祈禱。拳手把鮮花放在神龕前，以示對神靈的崇敬。比賽鐘聲一響，拳手便向自己的誕生地膜拜，接著用戴拳套的雙

拳手在開賽前的活動

手掩著雙腿做簡短的祈禱，以求神靈護佑。此時在台下也隨之響起傳統的音樂。拳手隨後與對方行三次鞠躬禮，然後隨著音樂跳起奇特的拳技舞蹈，並進行拜師儀式。

泰拳拳師的拳技舞姿各不相同，但動作規範，各顯身手，上下跳躍，在圍繩內手舞足蹈，不停地向台下觀眾表現出激昂的鬥志，或者時而顯露憤怒的神態，表示驅逐一切妖魔鬼怪的無畏氣概。在外國人眼中，泰拳拳手的這種膜拜祈禱與龍騰虎躍的樣子有點莫名其妙，而在泰拳拳手看來，這種賽前儀式事實上是一種有效的熱身準備活動，是一種排除干擾、增強鬥志的好方法。

進入比賽狀態時，拳手們解下頭上所繫的「神帶」，戴上拳套，脫去外衣，有些拳手會在臂上束一條帶子，以示避邪。拳手在下陰部戴上護墊，手和腳分別纏上繃帶。拳賽的鐘聲和傳統音樂同時響起，隨著裁判高喊「一、二、三」後，泰拳比賽便正式開始。

第四節　泰拳與中國武術

泰拳的影響現在已經遍及全世界。中國武術界人士於1985 年開始邀請泰拳高手到上海進行表演。1987 年 10 月，在北京體育館舉辦了泰拳拳師的精彩表演。同一時期，我國武警特訓隊員與泰拳拳師進行了切磋交流，泰拳與中國散打的再度交鋒，使泰拳在中國大地上得到迅速傳播。以多數武術界人士的眼光來觀察泰拳，認為泰拳雖多用蠻力，但其在擂臺上稱雄卻不容忽視。

嚴格講，泰拳的技術在中國武術中招招都有，但中國

武術卻與泰拳在練功方法上有許多不盡相同的地方。據我國武術歷史的研究和記載，中國的搏擊技術和武術早已傳入日本、朝鮮以及東南亞諸國。周邊諸國紛紛與中國通商、交往，武技方面的交流也會十分頻密，正是透過泰國人民的不懈努力和中國武師的熱心培養，終於締造出泰拳今天這種獨特的風格和地位。從歷史沿革發展中可以看到，泰拳無疑受到了中華武術的深刻影響。

經過各方人士分析，泰拳有三個方面可以讓人們借鑒學習。其一，泰拳完全是一種實用性的拳術，是在長期的搏擊實戰中發展起來的。它的形成雖無套路，卻可以使多種實戰技術招法互相交換運用，加上泰拳拳手多以搏擊為職業，在搏擊實戰方面具有極豐富的經驗。其二，泰拳的技術非常適合搏擊實戰的需要，它的主要攻擊技術為拳、腿、肘、膝，且能長短兼備、靈活施展。其三，泰拳雖無精湛的內功練法，但它的硬功卻很驚人，拳手的腿腳和拳頭硬度極強，拳手本身經過訓練又具備較強的抗擊打能力，在實戰中會對其他武術流派的拳手造成雙重壓力和威脅。可見泰拳與中國武術和其他流派相比有很大的不同之處，也具有一定的優勢，這就是泰拳為什麼會在技擊界占盡優勢、大顯威名的原因所在。

下邊是泰拳與中國武術的一些技法的簡要比較。

泰拳技法	中國武術技法
直擊拳	沖　拳
橫擊拳	橫　拳
擺擊拳	貫　拳
勾擊拳	鑽　拳

上頂沖肘	上挑肘
橫沖肘	平拐肘
後頂肘	下砸肘
飛步迎撞膝	墊步撞膝
斜撞膝	側撞膝
猛　踢	側　踢
前　踢	蹬　踢
後勾踢	鴛鴦腳
橫勾踢	白猿獻果
下掃踢	掃　腿

　　泰拳中只有直擊拳、橫擊拳、擺擊拳、勾擊拳等幾種主要的拳法，其打法形式類似於西方拳擊。中國武術中的拳法較多，運用出招手不露形，比較適合各種場合的技擊。泰拳的肘擊法是在實戰中拳手都要集中全身力量順勢發肘頂刺而出，或者在對手衝撞貼身時發招肘擊，勁力較大。泰拳中肘擊又可以用來破壞對手的拳擊和膝擊，拳手兩手屈肘可用來保護頭部和胸肋部。

　　中國武術中的肘法招式雖然較多，大多在使用時和手法、步法相配合，單獨肘擊的機會較少，實戰中的運用也不多見。例如武術中的馬步橫頂肘、虛步後頂肘、沉肘等招法在使用時都是如此。

　　泰拳中用膝法進行攻擊的方式較多，技術運用上也顯得高明、易變化，膝擊是泰拳技法的重要組成部分，拳手常常在中距離時就可以飛身撞膝發招，或者躍步沖膝攻擊，至近距離時，可擒住對手頭頸發膝頂撞，在雙方糾纏時又可以施用拉頸撞膝的招法。

　　泰拳的腿法多以掃腿踢、前蹬踢為主，它的腿法特點是出腿快速，勁力兇猛，動作幅度大，運動路線長。中國武術的腿擊法多以彈、踹、勾、掃、踩、鏟為主，腿法的出招突然隱蔽，易變招式，多數攻擊用來破壞對手的重心，踢擊多以腳掌、腳跟或腳掌外側，腳踢打的受力面積大一些，衝撞力較強，被擊中者會跌出較遠距離，但不會受重傷。而泰拳的腿擊方式則相反，拳手發腿攻擊多以腳背、腳脛和腳趾踢擊，這樣的踢法使腳的受力面積小一些，衝撞力也稍顯遜色，但因拳手的硬功較好，往往使被擊中者一招見血或形成內傷。總體來說，泰拳的優點還是很多的，值得中國武術界人士借鑒。

第五節　泰拳的練功方法探秘

　　儘管現今的人們紛紛置身於學習泰拳的熱潮中，但卻很少有人知道泰拳的真正奧秘所在。本文試圖經由對泰拳各派別的調查，對隱藏在泰拳中的深厚的奧秘作一番揭示。

　　泰拳拳技之所以獨具魅力，在於其練功方法的獨特性、實用的全方位攻防技術、出色的心理素質和自我調節術三大特點。

一、泰拳獨特的練功法

（一）重視基本功訓練

　　泰拳拳手為了成為未來的名拳師，每天四五點鐘起床

後，就在訓練場或拳館中做熱身活動，壓腿、溜腿、彈踢腳等，每天都要重複數百次，直到渾身大汗為止，稍後到館外或曠野進行跑步練習。

(二)踢香蕉樹

拳手在跑步練習時，一遇到檳榔樹、香蕉樹或者其他較適合的樹木，便用腿腳猛力踢擊，每每發腿踢擊都「砰砰」有聲，甚至踢到樹木都因震撼而搖晃時，拳手尚無疼痛感覺。這種踢樹的練法，是為了使拳手的腿、腳、脛練得堅韌強硬。拳手初次練習時，需要先把海綿或者帆布、棉絮等柔軟物包紮在樹幹上再以腳踢擊。隨著適應性逐漸增強，慢慢減少包紮物的厚度，待練至較高水準時，全部去掉樹上的包紮物，以拳手在踢擊時已體驗不到腿腳的疼痛為達標。

還有一種較為罕見的練腳方法。拳手取一段鋸為四五十公分長的香蕉樹幹，把它拋向空中，緊接著發腿踢擊，如同踢毽子似的，不能讓樹幹掉在地上。運用這種練功法，因為香蕉樹幹本身有一定的硬度和重量，可以幫助拳手練習腳背的堅硬程度和出腳的勁力，還能增強拳手發腿的準確性和控制能力。

(三)打沙袋

在泰國的拳術訓練場和訓練館中，用來練習踢打的沙袋多以水牛皮製成。水牛皮製的沙袋比較堅固耐用。用數隻沙袋在拳手的前後左右高低不等地吊掛著，拳手在踢打沙袋時，要求不停地穿梭在來回擺蕩的沙袋中，一邊迴旋

躲避，一邊進行拳、腿、肘、膝的擊打頂撞。這種訓練法將拳手置於模擬實戰的踢打之中，使得他們必須集中注意力，與假想的對手進行實戰搏擊。

(四)超負荷訓練

泰拳技藝之所以高超，還在於拳手平日的超負荷訓練。拳手與訓練同伴兩人手中各握一對 1～2 公斤重的啞鈴做假想的搏擊練習，兩人在練習中不得相接觸，以手法、步法作一進一退、一攻一防的發勁和防守動作。

這是一種超強度練習，即使拳手練到兩手酸痛、已無力握住啞鈴時，依然得堅持練下去。透過這種方式的長期練習，拳手的力量迅速增加，到參加比賽時，去掉負重，身手便顯得格外輕鬆靈活，實戰能力便會大為增強。

(五)烈日下實戰

在烈日下進行實戰，這種泰拳特有的訓練法是近乎殘酷的，也是超出拳手能量的，對於一般的拳手來講絕對是一種毅力的考驗，意志不堅強者常常會在這種訓練法面前落荒而逃。而對於那些意志堅定、決心要成為著名拳師的拳手來說，要練就超人的耐力和技術，這是必須去承受的練功法，他們會以非凡的毅力闖過這一關。

這種練法是讓拳手處在烈日曝曬下，堅持進行實戰搏擊練習。他們每激戰一個回合，大約需要 4.5 分鐘，中間休息 30 秒鐘，接著進行下一個回合的實戰。有時為了增強訓練的密度和強度，拳手們還要進行輪番交戰訓練，或者堅持進行數十個回合的搏擊。這種獨特的練功法，練就

了拳手的超人的毅力，並從中學會克服不可想像的困難，最終能夠承受起大賽的考驗。

二、泰拳的全方位攻防技術

泰拳素以樸實簡練、攻防力極強而享譽武壇。其技法主要由拳招、腿技、肘擊、膝撞、摔打五部分組成。在實戰中，泰拳是招招都兇猛異常，這種暴風驟雨似的立體式打法常令其他拳派的對手防守無措，疲於奔命，最後被擊敗認輸。

泰拳拳法簡練直接，出招攻擊時發力剛勁灑脫。拳招可以為腿技、肘擊、膝撞引招或作掩護。肘擊法攻防兼備，狠辣刁鑽，發招可以封拳、架踢、擋膝。膝擊則是泰拳致命的殺手鐧，泰拳拳手之所以在國際大賽上屢屢獲勝，其膝擊發揮起到了決定性的作用。

腿技運用時快速簡練，剛勁兇猛，拳手發腿常常在一瞬間擊中對手，一招制敵。摔法運用達到高水準時，會起到舉足輕重的作用，拳手施用摔法時機得宜，常會決定一場比賽的輸贏。

三、泰拳出色的心理素質

心理素質訓練可以調節和支配拳手的心理狀態，透過訓練使其動作達到自動化的程度。泰拳拳手拳擊水準能力的高低依賴於自己心理過程的機能水準和發展水準，這種機能水準和發展水準能夠把拳手自我潛在的東西變成現實的行為傾向，最終實現個人的理想和抱負，使自己達到盡善盡美的理想境界。

　　泰拳拳手經過多次心理訓練和擂臺實踐,都精於情緒的自我調節,他們不相信什麼權威名流,只要上了擂臺,不管三七二十一,傾全力進行搏擊,從不被場上強大的對手嚇倒。在搏鬥中若是被對方擊中,也表現出毫不在乎的表情,讓對手無法判斷我方的實力究竟如何。泰拳的拳手們正是因為具備了這種出色的心理調節能力、良好的戰術意識和高超的技藝,才使得泰拳近乎無堅不摧。

　　泰王國一直被人們稱之為「微笑之邦」,泰族人又大多信奉佛教,這種信仰更利於拳手們的精神寄託。在進行拳賽前,拳手都要進行宗教祈禱。這時,拳手面對賽台邊的神龕,表情嚴肅,雙手合十。有時兩派的宗師不同,祈禱形式也各不相同,有些拳手是伏地不動進行祈禱,有些則是對天祈禱。在做這些祈禱時,往往配上古老而獨特的音樂,使拳手們的精神祈禱顯得更加神秘玄乎。

　　傳說泰拳拳師們完成了這些精神祈禱,可以使他們不怕死,敢於強拼硬搏,無所畏懼,大有即使戰死也在所不惜的架勢。拳師們認為,就是戰死了也可以榮歸樂土,靈魂將會昇華到極樂世界。

　　過去泰拳賽上常有擊死拳手的情況出現,傷殘的更是為數不少,但這一切絲毫沒有影響拳手們前赴後繼的決心,也沒有影響拳迷們對泰拳的迷戀和崇拜。

第二章

泰拳的基本知識

第一節　泰拳的組成要素

　　泰國民族由於篤信佛教，人與人之間交往比較溫和友善。泰拳發源於泰民族這塊具有濃厚民族特色的土壤上，形成了極具民族特色的拳藝風格。其間經過上百年的磨練，基本上形成了以體魄、耐性、速度、智謀、武藝五大要素組成的武技，這五大基本要素也是世界上一切武技都應具備的基本要素。

一、體　魄

　　體魄練習是拳手必須進行並持之以恆的一項訓練。經過體魄練習，可以強化身體肌肉的活動能力，為提高拳手的運動技能和承受劇烈的運動量打好基礎。泰拳的體魄練習不僅只是對身體肌肉、勁力的訓練，它的訓練內容分為氣力和心力兩部分，對二者進行訓練的意義是不同的。

　　1.氣力

　　是指以長跑和其他方式進行的力量訓練，使得拳手經過此類訓練能夠積累擂臺比賽所需的搏擊能量，簡言之，就是完成交戰回合次數的能力。但拳手即使訓練得能夠一

口氣跑好幾公里，也不一定代表他在五個回合的交戰中能夠堅持到底，因而必須與其他素質相互結合，才能充分發揮拳手的訓練成果，這就是鮮為人知的心力修練法。

2.心力

心力練習可以使拳手能夠承受在搏擊中被對手擊打的痛苦和心理上所遭受的折磨，能夠創造在逆境中轉敗為勝的應變能力，這些都需要拳手具備堅強的意志力，也是拳手本性的高度體現。心力也可以稱為意志力。這種心力練習在泰拳中被稱為「鬥心」，為了達到「鬥心」的目的，泰拳有許多特殊的修練方法可供選擇。

泰拳的心力練習與現今所說的心理訓練非常相似。古代泰拳拳師為了培養「鬥心」，先要靜坐默思，修練心神，讓意念貫通全身，使自己進入禪定境界，集中精神使心志堅強。有些拳師以想像前代的宗師、英雄等人物形象的勇力和神威氣質，讓自己內心發動意念，使得自身和神明合而為一，這樣做往往能使拳師產生出超常的能量。有些拳師以一些奇特的方式，去求助於神道、巫術、禪功等修心方法，以保佑自己在搏擊中勇猛無敵。講到「鬥心」的修練法，在泰國還有一些讓人十分費解的以頌咒語的修行方式，這種泰國人獨有的方式，多以善戰的傳說人物或神話人物為主題，事實上這麼做也常常使拳手得到很大的啟迪。

二、耐　性

泰拳拳手在實戰中需要強健的體魄，但是在每一個回合的交手中並非自己屢屢占優，在進攻和退守時也經常會遭到對手的猛烈打擊，此時拳手必須在堅強的體魄的支撐

下能夠經受住這種打擊，並隨時準備發起反攻。在這個過程中，拳師的耐性好或差就成為決定性因素。具備較好的耐性的拳手意志比較堅強，能夠屈忍一時，承受各種壓力，並在這種忍耐中將自己的生死置之度外。當拳手有了足夠的體魄和勁力，能夠有效抵抗對手的攻擊之後，拳師的意志力就起到主導的因素，此時要特別強調拳手的理性進攻和防守，善於控制自己的情緒，在交戰中能夠沉著應變，不會因驚慌失措而遭對手打擊。

拳手在遭受強勁對手猛烈擊打時，往往首先退避，或者只能側重防守；兩位水準相近的拳手相遇所形成的格鬥場面常常非常激烈，多為硬碰硬的比拼；進攻對手時暴露了自己的破綻，被對手乘勢進攻、窮追猛打而疲於招架，遇到以上種種情況，就要看拳手的耐力和承受能力了。一句話，當處於被動境地或者雙方處於勢均力敵、你死我活的狀態下，只有依靠拳手的良好的耐性，選擇有利於自身的技術與對方周旋。堅韌的耐性可能會使拳手承受一定的痛苦，但卻為拳手蓄機圖謀、抓住戰機反擊對手埋下了伏筆。

三、速　度

在泰拳的諸要素中，速度是一個極為重要的因素。在拳賽中，拳手利用快速的技術動作，搶先把握比賽的主動權，及時觀察對手的意圖和破綻，隨即做出相應決策，配合多變戰術控制對方。

拳手的速度素質，有一部分是先天具有的，大多依靠訓練而使自己達到一定的速度水準。泰拳的速度練習首先要求拳手體格健壯結實，在練習中要求拳手以較快的速度

進行身體四肢最大限度的發招和收手，在練習任何招式時都突出速度的重要性。

四、智　謀

　　智謀作為泰拳的要素之一，也是泰拳傑出的技擊思想精華。智謀的格鬥理論建立在尊重客觀規律的基礎上，在訓練中要求拳手積極發揮智謀的主觀能動作用。泰拳的智謀和中國古代兵法中的攻守、強弱、勞逸、奇正、虛實、遠近等對立雙方的相互依存、互為利害的理論有諸多相通之處。

　　泰拳理論認為，拳藝之道如果想以技術取勝，需要追求智謀的奇巧。兩拳手相鬥，須以己之長制服對手，同時也要避其鋒芒，使其無法呈強，無論對手使用何種武功或招數，都能夠從容面對和應付，進而破之。正所謂「以正合，以奇勝，非善也；正變為奇，奇變為正，非善之善也；即奇為正，即正為奇，善之善也」。

五、武　藝

　　武藝就是泰拳的武功技藝，其重要性是不言自明的。泰國人從古至今都極為強調拳藝的技術。拳手不僅要將身體四肢化為攻防的武器，還極為重視手足運用的法度。拳手必須精通泰拳的各種招數，使四肢練就至「八臂拳術」，才有可能在實戰或比賽中獲勝。拳師技藝不高，其成就也必然有限。

　　泰拳的技藝在其演變發展過程中，歷經無數代拳師的豐富擴展，使之形成一套豐富、科學、具有民族特色的拳擊藝術。精通泰拳武藝的拳手，能夠在訓練中充分挖掘潛

能,最大限度地提高自身的實戰能力,最終達到應敵時揮灑自如、從容不迫的地步。

第二節　泰拳的哲學理念

泰拳的哲學理念把泰拳鮮明的技擊特點和泰民族樸實的民族精神較好地表達出來,人們透過詮釋拳藝的哲理觀念,使之成為泰拳的理論體系,鑄就了泰拳的最高的精神產物。

泰民族進入古暹羅時期,人們認為作為泰民族的好男兒必須達到文武雙全,在泰拳訓練中將拳手訓練成有體魄和有精神、驍勇堅毅的戰士,而在泰國人眼中的驍勇戰士具備了文和武的雙重含義,只有達到這種標準的拳手才能成為泰國人心目中的英雄。被稱為英雄的拳師必須經過體魄、耐性、速度、智謀、武藝五要素的嚴格訓練。泰拳拳師為使泰拳理念更加明瞭和富含深意,又將其定義為四元素之理,加上泰拳的兩步相生,進而成為四象相剋,遂為泰拳的圓通之論。

一、四元素

根據古代泰國人的觀點以及他們信仰佛教而形成的思想,認為物質世界是由土、水、風、火四種元素組成。這些樸素的觀點也源於佛家的「四大論」中。泰國人以此形成的基本哲學思想為依據,闡釋世界上有關的因果和事物現象,並延續了千百年。泰拳的尊師將四元素中的「土」視作萬物之基,表示強盛壯大,以喻體魄堅強、氣力旺

盛，將其作為練武之本。水活則無定形，連綿不斷，喻之為技擊角鬥應似流水之不固定，無形無式，機靈敏捷。風為動力之源，緩急之因，以喻拳手進退疾速。火乃喻拳手心性，拳手在打鬥中取勝，要具備如火如焰般的熱烈意志。具備以上要素，泰拳始為武勇。

二、圓通之論

四元素定義組成一個相生相剋的圓形圖，此圓形圖代表整個泰拳拳「藝」，由此將泰拳拳術圓活變通。正如圖中所表現的涵義，圓形有四點，分別為拳、腿、肘、膝的招數系統和它們相互間的關係，圓周箭頭所標示的，為各系統招數之循環相剋的情形，映示出「四元素」的精妙。圈內虛線顯示了各種招術技法的相連性，也就是長短兩兵結合、相生和變化的圓通靈活。圓形中四方形內的四格，分別代表土、水、風、火四要素，也是泰拳武技的基本要求。泰拳技藝的圓通之論體現出泰拳「拳不對肘，肘不抵膝，膝不鬥腿，腿不敵拳」的相生相剋圓通運用。

在泰拳的發展中，凝聚了泰拳拳師長達數百年的思想結晶和中國東方文化的精神，把泰拳技藝由紛繁萬狀的招數現象歸納為這種四元素的簡單符號，使泰拳由複雜變為簡單，但在簡單中又包含著千變萬化的複雜內容。實際上，符號越簡單，應用越廣泛，意義越深刻，越帶有普遍性。

第三節　泰拳的練武精神

泰拳素以「鋼腿鐵肘」著稱於世，稱霸武壇 500 多

年，其拳術技藝水準之高令全世界技擊高手嘆服。但是，拳藝的修習只是泰拳練武問題的一部分，更重要的是強調泰拳練武的精神，使拳藝技術配合體能得到充分的發揮。泰拳就是綜合了獨特的練武精神和傳統的練功方法，使得拳手精神集中，練就了堅毅果敢、無所畏懼的氣概，在實戰格鬥中具有征服對手的信心，並以超強的毅力去克服一切困難。

在泰國的城鎮鄉村，經常可以看到人們把椰子吊成一排，拳手們以腳踢、膝沖、肘頂和拳擊，訓練拳手的手腳硬度和靈敏性，並逐漸融合其他訓練法，增強拳手的訓練意識和實戰功能，使得看上去兇悍殘酷的攻擊卻能被拳手們化解為無形，其中就有一種修拳習藝的驅動力在激勵拳手們參與，這種驅動力其實就是現代運動心理學指出的動機問題。動機問題涉及到拳手活動的方向和強度，它闡釋出為什麼拳手們會把艱苦的訓練當成他們的樂趣和日常需要？為什麼拳手會不顧生命危險使自己置身於異常激烈的搏擊中？為什麼拳手會忍受極大的傷痛堅持訓練？這些都涉及到一個根本的問題：參與泰拳訓練最終會給拳手帶來什麼？歸根結底，這些都是泰拳修習與人類社會生活密切相關的一種反映。

一、習練泰拳的動機

習練泰拳的動機是推動泰拳拳手進行訓練的心理動因或者是內動力，也就是泰拳拳手引起並維持自身活力，將此活力導向一定目標，以滿足自己的念頭、願望和理想等。修習泰拳的動機一般有兩種：外部動機和內部動機。

外部動機是拳手以社會性需要為基礎，透過打擂比賽獲得相應的外部獎勵，以滿足自己的社會性需要。汲取外部力量的動機，是拳手從外部對自我行為的驅動，體現在拳手參加比賽取勝對手可能是為了獲取讚揚和公眾的承認，或是為了獲取獎牌和獎金，或是為了參加泰拳訓練來滿足自己的歸屬需要等，都表現出拳手行為的動力一部分來自外部的動員力量。

內部動機是以生物性需要為基礎的。

泰拳拳手可以通過積極參加各種比賽，應付挑戰，實現其價值，去體驗莫大的滿足感和效能感，這是汲取內部力量的動機。拳手參與訓練可能完全是為了內部獎勵，也為了外部獎勵，這樣看，拳手修習泰拳的動機既有外部的也有內部的，受兩種因素共同影響。

二、練武精神

泰拳的最高層次的修習是將自我潛在的東西變成現實的行為傾向，實現自己的理想和抱負，充分發揮個人潛能，使自己達到盡善盡美的境界。

練習泰拳會覺得它具有鮮明的挑戰性和趣味性，這和中國武術相似，能使身心融為一體。練習泰拳是快樂的，但同時又是一項艱苦的運動。泰拳要求練武精神應該從追求樂趣的學習逐步轉為工作式的訓練，才能使訓練能天天保持趣味性，使得這種貌似單調無味的訓練成為追求人生樂趣的需要。

第三章

泰拳的基本功

第一節　泰拳拳樁

　　泰拳的拳樁即泰拳的搏擊戒備姿勢。這種戒備姿勢是拳手進攻和防守最有利的開始姿勢。正確的拳樁姿勢可使拳手起動靈活，出擊快速有力，身體重心穩固，暴露面積較少，有利於防守和反擊。戒備姿勢是拳手在發動進攻之前和結束後必須保持的姿態（圖 3-1、圖 3-2、圖 3-3）。它在泰拳中又叫「拳樁」。

圖 3-1

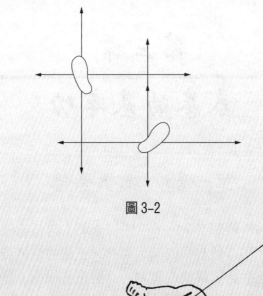

圖 3-2

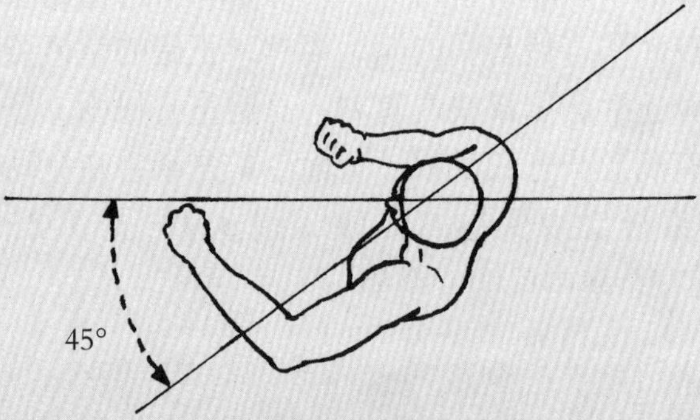

45°

圖 3-3

一、拳樁的基本姿勢

1.兩拳一前一後，高與肩平，拳手擅用右手時使左手在前，謂之「左先鋒手」；相反，則謂之「右先鋒手」。肘屈，與身體距離約 10 公分，上身直且腹部稍內收，頭略低下，下頜內收，有保護咽喉要害之意。

2.兩腳適度併立，間距約比肩寬，左腳前踏半步，使

身體略側偏，右腳置後橫放，形成一定角度，兩膝微屈。

3. 身體重量平均分於兩腳，以前腳掌觸動，迎擊或發招時應迅速調動身體重心於兩腳。

4. 目光注視對手的眼睛和前胸，視野還需兼顧對方的全身上下。

以上是拳椿姿勢的基本要求，也是練習泰拳必須瞭解的基本知識。

二、拳椿的實戰要素

1. 頭頸姿勢

頭稍向下低，緊收下頜，合唇閉齒，兩眼注視對手，面部表情要沉靜自若。頸部舒展，自然豎直，精神集中，用鼻呼吸。

2. 兩手置於胸前中線

雙方拳手相對，無論姿勢如何，兩手要儘量置放於胸前所虛設的中線上。這樣擺放的優點有兩個：

一是拳手擺放兩手於身體中線上等於設置了障礙，對方要想用直拳或腿踢進攻，便增加了攻擊的難度；

另一優點是對手要想攻擊有效，進攻時必須要繞過拳手的手臂，經過上方、下方或者左右側，如果出現這種情況，拳手就能較容易地判斷對手的進攻意圖，瞬間採取有效的防禦或反擊策略。

故而兩手擺放於胸前中線既有利於進攻也有利於防守。

3. 兩手要能彎曲一定的角度

搏擊中兩手是進攻和防守的主要武器。手臂必先彎曲，才能伸直。拳手在實戰中手臂的彎曲是絕對的，而瞬間的伸直則是相對的。拳師們認為手臂伸出後必須快速彎曲收回，以利於再次出擊和防守。兩臂彎曲最好的角度應在 90°左右。保持這種角度可以借勁於出擊的拳臂，並且利於收回防守對手的突襲。

拳椿的擺放，切忌兩手亂擺或放下，以免暴露空檔。一手發招出擊，另一手在做好防守的同時還要做好攻擊的準備，以求左右兩手交替使用，攻不露形，守不露式。

4. 兩手沉於兩肋側

兩手肘自然下垂，沉於兩肋側，注意不能貼靠肋部，這樣可以保證兩手動作始終靈活。兩手下沉的同時，肘關節略微後引，上臂自然垂下，兩拳就迎著相對了，有利於進攻和防守。

非到萬不得已時，兩肘始終沉於兩肋側旁。如果抬起兩肘，會暴露兩肋破綻，令對方乘虛而入。如果兩肘張開，會使打出的拳力減小，發勁也不順暢。兩肘置放正確，可使身體力量貫注上肢，周身勁力完整。

5. 軀幹自然含蓄

軀幹即身體姿勢，是以兩手兩腿的位置來確定的。如果兩腳平行站立，身體就是正對著前方的。若是兩腳前後站立，身體則是側身站立的。

搏擊之前，軀幹姿勢始終保持側身，胸部稍含，收腹，斂臀。處於這種姿勢，在承受擊打時可以減輕些痛覺，或者含胸成為防禦姿勢時，可使對方擊打落空。含胸收腹的姿勢不是一成不變的，應在運用高超的技術時隨動作變化而靈活伸縮，以助拳勢勁力。腰部鬆展自然，隨動作變化而富有彈性，主宰上下肢動作。

6. 兩腳距離適宜平穩

在泰拳搏擊時兩腳始終前後站立，間距略比肩寬，左右間隔 20～25 公分，兩腿稍屈，兩腳稍內扣，全腳掌著地。這種站立姿勢，身體重心落於兩腳之間，可以使左右腿法在搏擊中靈活變通，並且使對手無法判斷我方腿腳的變化。

兩腳姿勢正確合理，動作就會敏捷，落腳穩固，促進胯、膝、腳的緊密配合，利於下肢沉實穩定。移位變勢時，周身進退騰挪完整一致，膝關節鬆活自然，加大或縮小步幅落勢穩健，拳招富有彈性。

泰拳拳樁姿勢正確與否，決定著發招攻擊動作的靈活性，並常常關係到戰局的成敗。掌握正確的拳樁姿勢，尤其是能夠圓通運用，對於提高泰拳的技藝有著重要的意義。

第二節　拳樁的圓通運用

泰拳的圓通運用，是在熟練掌握拳樁的基礎上，依據拳手自身的個性和特點靈活地變通拳樁的應用方法。泰拳

中的「三宮步」也稱為馬步,這種三宮步法是拳手以拳椿
配合步法的整體的運行技術。19 世紀後期,泰南名拳師
鑾庫瑪即精於三宮步技術。到後來的「玫瑰園」時代的拳
師鑾威訕努那功所授三宮步法堪稱正宗,其功架、法理與
鑾庫瑪相同,以致後人認為三宮步法可能同出一個門派。
過去的拳師極為重視馬步的功法運用,馬步練至一定功夫
時,可使拳師的精神與氣勁達到合一境界。

在實戰中,拳手發招要擊中對手而又不被對手擊中,
就必須依靠拳椿變勢來控制自己,同時又能控制對手。基
本的拳椿變化的協調能使拳手有效避開對手攻擊並適時進
行反擊。處於拳椿時,腳要能在移動中輕輕著地,這樣可
以自然地放鬆自己身體的有關關節和肌肉,腳跟也得以放
鬆,從腳部的關節傳至臀部和腰部。只有在變換動作轉體
或擺動時,才能中斷放鬆動作。拳手不管選用哪種拳椿,
都應能較好地保持自身平衡,
使自己儘量處於隨時可以進攻
和防守的狀態,儘量不讓自己
的薄弱之處暴露在外。

以下是部分泰拳拳椿圓通
運用姿勢。

1. 拳椿標準姿勢

亦即戒備姿勢(圖 3-4),
是初習泰拳者必須練習的姿
勢,上一節已作介紹,此處不
贅述。

圖 3-4

2. 三宮步單足吊馬式

三宮步單足吊馬式（圖3-5）為泰拳的精妙獨特之技藝。此式可攻可守，它是從基本拳樁姿勢提膝所持的一種攻防兼備的姿勢。對方進攻時，單足提膝可以施以腳踹或踏踢對方前腳，遏制對方進攻，緊接著復以後腿攻擊。此法在泰語中稱之為「制軍」招術。憑單足吊馬式主動進攻，虛足可以快速磴踢對方腹部丹田，接著追以拳和腳連續攻擊，謂之「沖殺」技。

3. 西洋拳擊姿勢

西洋拳擊姿勢（圖3-6）是擅用拳肘招術的拳手所習姿勢，它與拳樁標準姿勢相似，唯後腳抬離地面，兩腳橫向距離稍寬些。拳擊時頭部略下含低些，兩手經常握成拳。

圖 3-5

圖 3-6

4. 高三體式

　　高三體式拳樁（圖 3-7），以左
肩側身向前方，兩腳間距同肩寬，左
腳內扣約 45°，兩腿稍屈，全腳掌著
地，身體重心稍偏於右腳，兩臂彎曲
向左側前伸，左手前臂彎曲大於 90°，
右手前臂彎曲小於 90°，兩手半握拳或
自然張開，右手在前，左手在後，含
胸蓄腰，下頜內收，目視前方。

圖 3-7

5. 虛步合掌式

　　和任何一種拳樁一樣，善於左腿
攻擊者以左腳在前站立；相反，則以右腳在前站立。虛步
合掌式左肢在前時（圖 3-8、圖 3-9），重心偏於右腳，

圖 3-8　　　　　　　　　　　圖 3-9

左腳虛點觸地，兩臂腋下交叉成合抱狀；左臂自然伸直下墜於左大腿內側，右臂彎曲於胸前，右手成掌順勢自然斜立在左肩前；左手護襠、腹，右手護面、胸部。

6. 自由格鬥式

自由格鬥式（圖 3-10）是泰拳拳師比較推崇的一種格鬥式，它是在拳師苦練拳樁技術後，熟練地自由發揮拳藝於搏擊中的有效手段。採用這種拳樁時，兩腳前後站立，左右距離適當，兩腿微屈，放鬆肌肉，把握身體敏銳的彈性，下頜內收，前手高舉至前額處，後手屈舉至頭側太陽穴部位，側身向前方，重心落在兩腿之間。

泰拳拳樁確有其精妙獨到之處，拳手熟練掌握後，可以有效地從拳樁發起進攻或進行防守。兩腳馬步站立，精神與氣力融為一體，加上自信的態度，使得拳手可以高效

圖 3-10

圖 3-11　　　　　　　　　　　圖 3-12

發揮拳技的搏擊技巧。拳樁姿勢除了以上介紹的以外，還有一些如蹲踞型的虎踞式（圖 3-11），或以自然站立準備隨時發動攻擊的進攻型格鬥式（圖 3-12）等等。

第三節　泰拳的步法

　　泰拳拳手在掌握拳樁姿勢時，希望做到以拳樁向前或向後移動而不失平衡，使自己具有能夠在自如的進攻或防守中運送身體的技能，則要牽涉到步法的運用。

　　拳手在學習和訓練中能夠熟練地運用適合自己的基本泰拳姿勢，需要做到在兩腳不動時身體卻可以做向前、向後、向左、向右、向上、向下等方向的各種原地攻擊和防守技術，同時又不能失去平衡，這就突出了泰拳技藝的兩腳位置運用的能力。具備了兩腳運用步法的能力，意味著

拳手已經獲得了控制身體平衡的基本能力，達到這一水準，拳手可以進一步學習新的泰拳技術，包括各種攻擊和防守動作、前後的直線運動、左右迂迴運動的步法。

步法是泰拳中非常重要的運動技術，實戰中雙方的距離是不斷變化的，拳手唯有以快速的步伐移動才有可能抓住戰機，佔據優勢。同時，為了避開對手的攻擊，也必須運用快速的腳步移動來擺脫對手。

泰拳的步法強調拳手在掌握基本步法的基礎上的個人發揮。許多著名拳師都有自己的個人特性和風格，還在基本步法的基礎上創造出很多移動技巧。這些著名的步法有疾沖步、跳躍步、閃步等。但初學者一開始不必模仿這些步法技巧，因為任何類型的新式步法和基本的步伐運轉及平衡能力大體相似。拳手在掌握了幾種基本的步法後，隨著練習的熟練程度的提高，可以逐步在實踐中形成自己的風格。泰拳步法在基本運足法的技術上分為前進步、後退步、側移步、旋繞步、換步等。

基本運足方法

基本運足路線在泰拳中是以拳樁向四個方向移動的路線。這四個方向是前移、後移、左側移和右側移。無論拳樁向何方向移動，均應在打算移動的方向線上先動前腳，另一腳緊隨著完成動作，恢復馬步。

以左鋒手為例，從拳樁開始運足（圖3-13）。前進時必須以左先右後，如果後退則以右先左後。側向移動時，向左移時左先右後，向右移時則右先左後。泰拳的基本運足法是學習泰拳步法時的最基本的進步運足方法，只

圖 3-13

有首先熟練了基本運足法，才能運足做各種步法移動。

掌握了基本的運足方法，拳手就可以學會調校拳樁馬步的幅度和角度，而為其他步法的疾進、急退、斜進、斜退等打好基礎，之後拳手就可以做連續的運足法以適應複雜的移步動作。

1. 前進步

【動作】

由拳樁開始做前進步動作。左腳先向前踏出一步，右腳緊跟，以前腳掌蹬地向前邁出一步，隨後保持原拳樁姿

勢，兩眼注視前方。（圖 3-14-①～圖 3-14-③）

圖 3-14-①

圖 3-14-②

圖 3-14-③

【練習】

前進步是步法中最基本的移動技術，一般用來配合拳法和腿法的前進打踢，在與對手對峙時保持適宜的距離，讓自己處於有利地位。

從基本拳樁姿勢練習前進步，左腳前移，右腳跟上，兩腳要保持原來拳樁的姿勢和距離。身體重心在移動後落於兩腿之間。

前進步作為主動進攻對方的步法，在練習中要控制步伐的大小，可以練習連續的進步。

拳手可在兩腳上繫一根橡皮筋協助練習，以促進兩腳移動輕靈敏捷。

【要點】

兩腳擦地向前踏滑而出；

以拳樁姿勢保持防守姿態；

適度的身體放鬆；

始終保持腳的彈性。

2. 後退步

【動作】

右拳樁開始做後退步動作。左腳前掌蹬地，右腳擦地向後退一步，左腳隨之後退，隨即恢復拳樁防守姿勢。（圖 3–15–①～圖 3–15–③）

【練習】

從基本步法動作開始練習，應學會動作做完後迅速恢復原來的拳樁防守姿勢。

做動作時身體姿勢不能忽高忽低，這樣會破壞身體重

3-15-①

3-15-②

圖 3-15-③

心，有違於身體平衡的保持。要注意不要使用跳躍移動的步法。

【要點】

後滑時右腳略提起；

左腳短促地彈勁；

退後防守；

兩眼注視前方；

保持緊接著再做動作的意識。

3. 左右側上步

【動作】

由拳樁開始做左側上步動作。左腳向左側前方橫向擦地上步，右腳蹬地隨即跟上，並保持拳樁防守姿勢，兩眼注視前方。（圖 3-16-①～圖 3-16-③）

圖 3-16-①

圖 3-16-②

圖 3-16-③

　　由拳樁開始做右側上步動作。右腳提起向右側前方橫向擦地踏滑而出，並利用左腳蹬地的彈力推動右腳向右側滑動，完成之後保持拳樁姿勢。（圖 3-17-①～圖 3-17-③）

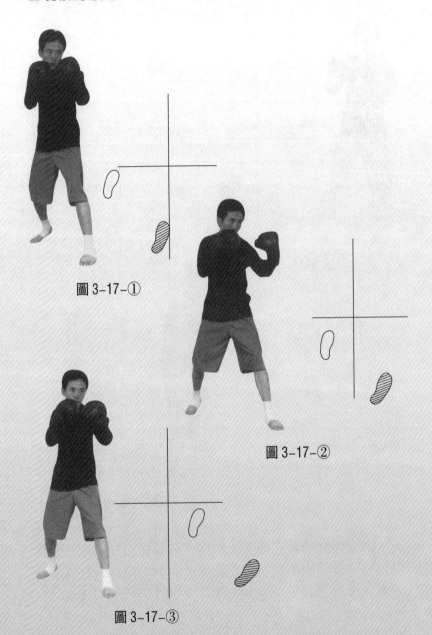

圖 3-17-①

圖 3-17-②

圖 3-17-③

【練習】

左右側上步實際上分為左側上步和右側上步兩種。左右側上步是在前進步的基礎上的靈活變化的步法。這種步法的變化很多，需要腳步靈活善變，以適應實戰之需。

和其他步法一樣，左右側上步也是從單獨的步法練習開始，由拳樁防守結束。

練習中，向左側上步時先提起左腳，向右側上步時先移動右腳，並須用另一腳的彈力促使動作快速完成。

【要點】

左、右滑步時控制身體重心；

以先移動腳的腳掌外緣著地；

盡量避免幅度過大的移動；

橫向向前使身體重心平穩的移動。

4. 衝刺步

【動作】

由拳樁開始做衝刺步動作。左腳稍微提起，右腳用短而快的彈勁向後蹬地，緊接著左腳向前衝刺前進一步，右腳立即跟進，保持原來的距離防守。（圖 3-18-①～圖 3-18-③）

圖 3-18-①

圖 3-18-②

圖 3-18-③

【練習】

衝刺步是借鑒西方拳擊長距離出拳攻擊的一種步法。泰拳中這種步法主要用於發拳攻擊對手，用衝刺步法以蹬地快速向前滑步，拉近與對方的距離。

用衝刺步法可使身體向前滑動 50～70 公分。

練習這種步法，在滑進時身體重心是向前微移的，以增加衝擊急進的速度。

初練這種步法，先做正確的移動動作，不要過多考慮速度，待動作熟練後，再做加快速度的練習。

【要點】

做動作時，先以在前的腳稍微提起；

利用疾衝的慣性急進；

右腳應隨時處於待發狀態；

做完動作隨即恢復防守狀態。

5. 後滑併步

【動作】

由拳樁開始做後滑併步動作。右腳先向後滑出一步，左腳緊接著向後回撤靠近，腳一觸地即用力蹬踏，右腳快速向後滑步，左腳再跟上，兩眼注視前方。（圖 3-19-①～圖 3-19-③）

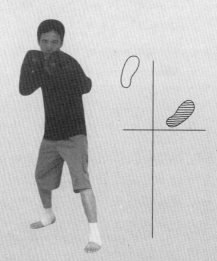

圖 3-19-①

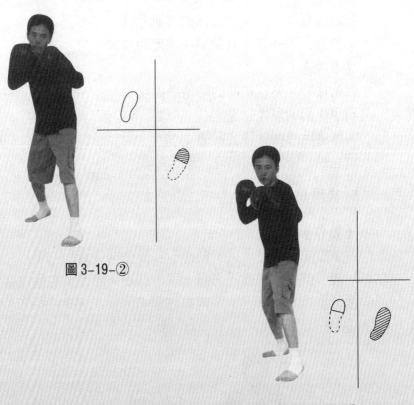

圖 3-19-②

圖 3-19-③

【練習】

　　西方拳擊中有類似的步法。這種步法可以從較遠的距離採用直拳攻擊對手，或在對方撲過來的時候快速地後退併步，配合左手直拳迎擊對方。

　　練習時先以右腳滑退一步，左腳再跟上。每次練習完畢都要保持拳樁防守的習慣。

　　此步法熟練後，泰拳強調實戰中充分發揮主動性和靈

活性。

初練這種步法拳手多會感到不那麼得心應手，動作也較遲緩，但一定要有耐心，習練日久，情況自會有所不同。

【要點】

右腳滑退第一步時，步幅不能過大；

左腳滑退第一步的落地動作也是第二步的蹬地動作，要連貫，不可分為兩步做；

移動時保持自身平衡；

隨時做好預防各種意外情況的心理準備和應對方法；

切不可兩腳全腳掌著地移動；

使腳掌能做出靈巧的動作。

6. 撤步

【動作】

由拳樁開始做撤步動作。左腳由拳樁姿勢經右腳內側後撤一步，變換成右手在前的拳樁防守姿勢，兩眼注視前方。（圖 3-20-①、圖 3-20-②）

【練習】

步法的練習要符合實戰的需要，

圖 3-20-①

圖 3-20-②

並力求簡捷、高效，從難從嚴進行訓練。

步法訓練一般都由拳手單獨進行，或者在教練的指導下，掌握正確的步法技術。熟練後，即可向實用方向努力。

練習時，除了進行一般步法練習，拳手還可以選擇跑步、跳繩、閃躲等訓練方式，以提高步法移動的耐久力和靈敏性。

訓練時間可自行安排，也可按教練要求去做。

撤步的運用技巧體現在當拳手採用一種左手在前的拳樁時突然改變方式，以右手在前迎擊對手，這種方法有防守上的意義。

【要點】

移位變勢時兩腿要微屈；

適度放鬆身體，以利快速動作；

為減少身體動作的遲緩，前腳稍展開；

兩腳不能死板地踏在地上；

無論使用左式還是右式，均要隨時保持謹慎和警覺。

7. 左右閃步

【動作】

由拳樁開始做左閃步動作。以右腳掌為軸時，左腳向左移動一步，身體突然向左轉並改變方向，右腳迅速向右後移動，恢復拳樁防守姿勢。（圖 3-21-①、圖 3-21-②）

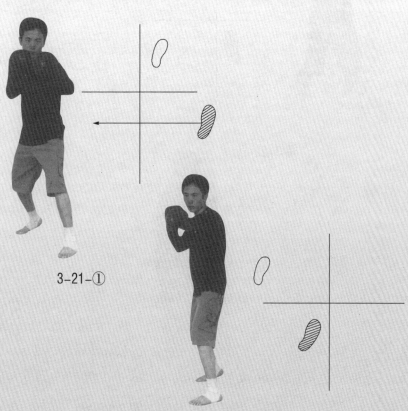

3-21-①

圖 3-21-②

由拳樁開始做右閃步動作。右閃步與左閃步姿勢相反。右腳向右側方移跨一步，身體右轉，左腳迅速向右跟上成拳樁防守姿勢。（圖 3-22-①、圖 3-22-②）

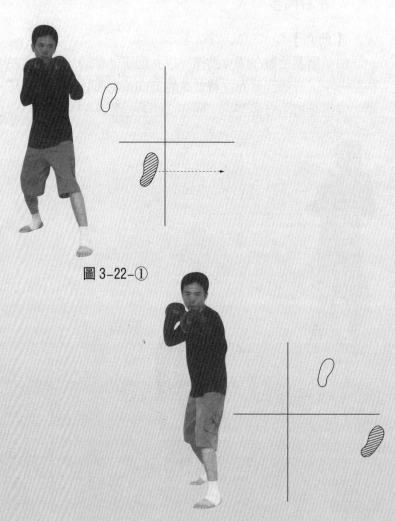

圖 3-22-①

圖 3-22-②

【練習】

左右閃步分為左閃步動作和右閃步動作，是泰拳向左、向右側躲閃的步法，是在左右閃步的基礎上準備還擊的步法。閃步動作是向橫邁步，運用靈活的話，在實戰中可作為假動作便於攻擊敵手。

初練這種步法，拳手的動作不宜太快，待熟練掌握並能保持身體的平穩移動時，再逐漸加快動作。

單向的左右閃步熟練以後，可以做左右閃步的交換練習，若干次為一組。

可以請助手配合練習。助手戴拳套，拳擊拳手的面部，拳手做左右閃步避開助手的攻擊。

結合其他練習方法，進一步提高左右閃步的訓練水準。

【要點】

腳步的移動要善用腰胯的力量；

移步一動，身體就擰轉；

動作要有突然性；

重心控制於兩腿之間；

隨時保持防守意識。

8. 斜進步

【動作】

由拳樁開始做斜進步動作。左腳略微提起，右腳蹬地，左腳斜向左前方移出一步，右腳緊跟向側前方。（圖 3-23-①～圖 3-23-③）

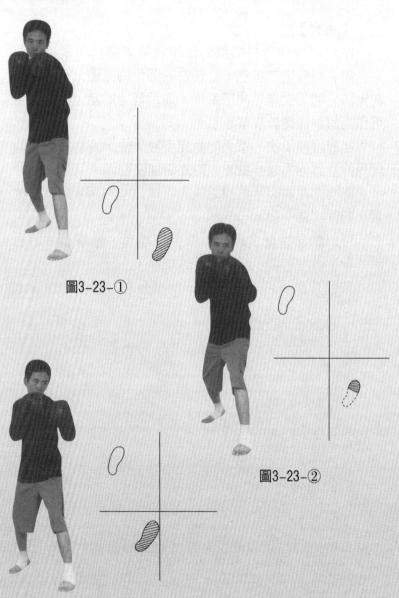

圖3-23-①

圖3-23-②

圖3-23-③

【練習】

斜進步是一種向對方的側前方移動的步法。主要用來引誘對手的注意力，分散對手的正面進攻力量，擺脫對方的側擊重招，或削弱對方的攻勢。斜進步配合後腿採取踢擊進攻。它又可以分為左斜進步和右斜進步兩種。注意在運用左斜進步時應以右腳攻擊；運用右斜進步時，則意味著用左腿攻擊。

如果用右斜進步跨出右腳時，應是右手在前的防衛姿勢。此外，還可以做從拳樁開始的斜退步動作。斜退步是左腳向左斜後方退一步，右腳隨著後退，恢復右手在前的拳樁防守姿勢；如果以右腳向右斜後方退一步，左腳跟著後退，則變成左手在前的原拳樁防守姿勢。

基本的步法是上斜進和斜退動作練習。可進行數公尺的斜進和斜退動作，中途可稍休息一下，繼續進行練習。

配合其他步法進行訓練。

【要點】

斜進或斜退中均應保持身體重心的穩固；

兩腳要輕巧地滑動；

腿膝稍微彎曲；

運用腰髖產生變化；

動作應快速地完成。

9. 墊步

【動作】

由拳樁開始做墊步動作。後腳向前腳位置墊腳，前腳在後腳落地時向前一步踏出落地，然後迅速恢復拳樁防

守。（圖 3-24-①～圖 3-24-③）

圖 3-24-①

圖 3-24-②

圖 3-24-③

【練習】

墊步比疾步前滑的動作稍慢些，它以後腳擦地向前躍的方式促使自己前進。還可以在此基礎上做墊步提膝動作，這個動作與三宮步單足吊馬式相同，能為腿擊進攻或防守創造條件。

做墊步時步伐的大小可以根據與對方距離的遠近來決定，熟練運用後，以右腳前躍的動作既可落在左腳的前方，也可落在左腳的後方。

在進攻中墊步提膝動作的運用一定要果斷，提膝要儘量上抬，落腳要輕穩。

單獨練墊步時，可以做左右腳交替連續向前的訓練。

配合其他步法練習，提高各種步法相互轉換的能力。

可以在小腿上綁縛小沙袋做墊步或墊步提膝練習。

【要點】

保持自身平衡和應付可能出現的意外的能力；

腳前掌要能夠靈活地做出動作；

提膝要快速直接；

收腳要流暢完成。

10. 旋繞步

【動作】

由拳樁開始做旋繞步動作。旋繞步分向左旋繞和向右旋繞動作。移動時，上身保持基本的拳樁姿勢，做向左或向右的繞環動作。（圖3-25-①～圖3-25-③）

【練習】

旋繞步法與中國武術的圈步和繞環步相似，在泰拳中

圖 3-25-①

圖 3-25-②

圖 3-25-③

屬於一種互相旋繞、尋機而動的運足之法。這種步法雖然一直在移動之中，但拳手所持的拳樁防守姿勢應保持不變。

此步法一般以一腳為軸，另一腳圍繞其旋轉移動，所以才稱之為旋繞步。

採用旋繞步法可使自己繞到對手的兩側，突然尋機進攻；或者當對手採取直線攻擊方式，拳手則可用旋繞步避開其正面攻擊，然後從兩側攻擊對手。進攻中拳手最好採取一肩在前的側身方式移動。

單獨練習基本的旋繞步法，無數次重複，直至熟練掌握。

在地上畫一個點作為軸心，圍繞此點做旋繞步法動作，數次為一組。

圍繞香蕉樹做旋繞步動作，反覆練習。

與助手進行模擬練習，讓助手出拳攻擊，拳手做旋繞步躲閃動作。

配合其他步法進行練習。

【要點】

可單腳或雙腳做此動作；

步法應輕靈自如；

把握動作的節奏，有快有慢。

旋繞的步法可大可小；

善於利用避實就虛的策略；

儘量不要正面攻擊；

與其他步法變換運用時要靈活謹慎。

11. 左右橫跨步

【動作】

由拳樁開始做左右橫跨步動作。該動作分為向左跨步和向右跨步兩種（圖 3-26-①②、圖 3-27-①②）。向右與向左動作方向相反，拳樁開始的移位姿勢同樣隨著變化。

圖 3-26-①

圖 3-26-②

【練習】

在中國武術中也有類似的跨步法。作為泰拳的步法技術之一，主要用於向左或向右側躲閃對手的進攻，並且在躲閃中隨時準備向對手發起反擊，即在搏擊中由移步調整自己的進攻方式，為腿和膝的發招做好準備。

練習時，可先做向左的跨步練習，再做向右的跨步練

圖 3-27-①

圖 3-27-②

習，反覆練習。

單一方向的跨步動作熟練後，可以進行左右換步的交換練習，以左右均做一次為一組。

助手協助練習。讓助手做拳擊或腿擊，拳手做跨步躲閃動作，若干次為一組。

配合其他步法練習，並由拳樁姿勢開始和結束。

【要點】

跨步動作要迅速、輕靈；

儘量避免因身體重心的移動而失去平衡的問題發生；

隨時關注距離的突然變化；

體會髖部的擰擺和肩部的變化；

保持拳樁的防守意識；

根據距離的遠近調整跨步的大小。

12. 轉折步

【動作】

由拳樁開始做轉折步動作。以一腳為軸心旋動，另一腳隨即向外側轉動外展，移動後保持拳樁姿勢。（圖 3-28-①、圖 3-28-②）

【練習】

在中國武術中也有類似的步法。泰拳的轉折步法是改變本身方向的方法，使用得當，足以使對手的進攻落空並令其困惑難解，同時也給拳手創造了瞬間反擊的時機。

練轉折步可先進行空步練習，開始會有些彆扭，經過一段時間後就會適應了。

基本步法熟練後，可以在小腿上綁縛小沙袋進一步練

習，兩腿繫上橡皮筋進行練習。

與助手對練。讓助手運用組合的拳腳招式攻擊拳手，拳手運用轉折步進行躲閃或反擊。

轉折步練習力求動作快速，尤其是轉身的動作要快，

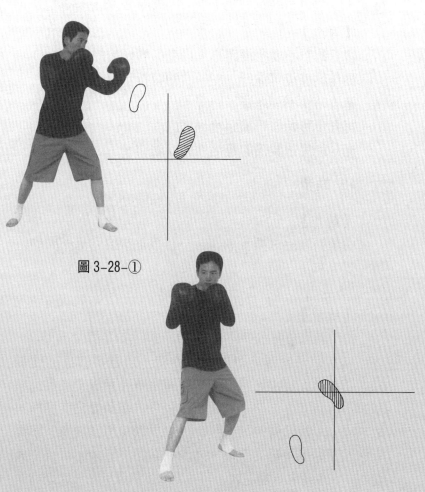

圖 3-28-①

圖 3-28-②

促使步法運用變化無常，令人難以捉摸。

訓練中一定要結合攻防技術，使自己進入實戰狀態。

配合其他步法練習。

拳手可用沙袋晃動，以及一些其他器械幫助轉折步的訓練。

【要點】

轉折的腳不要抬得過高，以免影響快速的變式；

動作熟練後可進行一左一右的轉折步練習；

進攻時決不要忽視了防守；

將腳步移動技巧練到恰到好處；

充分利用踝關節的靈活性完成動作。

13. 換步

【動作】

由拳椿開始做換步動作。一腳蹬地後換到另一腳的位置，變成右手在前的拳椿防守姿勢。（圖 3-29-①、圖 3-29-②）

【練習】

換步看起來與撤步有些相似，但兩者的實質並不相同。

換步類似於西方拳擊的移步法，這種步法技巧性較強，在泰拳比賽中經常見到拳師運用這種步法變式發動攻擊或進行防守。泰拳中運用腿法較多，拳師要經常變換對敵方向，才能隨時應戰。因此，想要學精泰拳技術，掌握步法的移動變換極其重要。當步法掌握熟練後，可以左式變右式，或者右式變左式，再加上基本的運足法，以達到換步的效果，並能在閃避對手的進攻時，尋找戰機予以反擊。

　　在做換步練習時，要根據情況做往返交換練習。

　　熟悉了步法的空練之後，可與助手進行對練。讓助手做前進或倒退動作，拳手做換步，以躲避助手的進擊，或者換步向前追擊助手。

　　注意自己身體的基本姿勢，並在訓練中培養距離感。

圖 3-29-①

圖 3-29-②

【要點】

從拳樁變換步法需要有意識地做好準備；

腳踏地要靈活、輕盈；

閃避動作要輕巧，不得僵滯；

控制好身體重心的移動；

關注髖部的擰轉變式；

時刻保持警覺。

在泰拳中還有其他一些比較實用的步法，大致有前踏步、縱步、側移步等等。

14. 前踏步

【動作】

由拳樁開始做前踏步動作。左腳向前踏進一小步，隨即保持拳樁防守姿勢。（圖 3-30-①～圖 3-30-③）

圖 3-30-①

　　這種步法主要用於準備做橫掃踢、蹬踢、前踢等動作。

圖 3-30-②

圖 3-30-③

15. 縱步

【動作】

由拳椿開始做縱步動作。兩腳蹬地，突然躍起（圖3-31-①、圖3-31-②）。此類步法一般結合騰空撞膝飛身肘擊、抱頸撞膝等動作的運用。

圖3-31-①

圖3-31-②

在步法練習中有幾點需要引起練習者足夠的重視。

1. 把握正確的拳椿易式；

2. 在拳椿的基礎上，保持身體平衡，時刻注意發現並防止各種意外情況的發生；

3. 且勿以全腳掌移動，應以腳掌靈活移動；

4. 兩膝微屈，以利於動作的彈性；

5. 適度放鬆身體；

6. 快速移動或改變方向時，前腳要靈活地觸地；

7. 因步法的移動而使身體變式時，仍須保持拳椿的基本防守姿勢；

8. 保持移動中良好的身體控制能力。

第四節　泰拳的步法訓練

在泰拳中，拳師們展現了快速、輕巧、靈活的步法移動技術，這是拳師們經過長期的艱苦訓練才形成的。然而，步法運用即使達到非常高的水準，也不是講求如何用步法去打鬥的。

訓練步法的真正目的，是讓拳手在掌握了步法的技術之後，明白實戰中何時移動、移往什麼地方才是最佳位置，而這些是要憑藉直覺去把握的。拳手們為了獲得實戰中的這種直覺，都要經過無數次艱苦的重複練習。

泰拳的步法訓練要求簡練、實用、直接。一般從基本步法開始訓練，同時借助器具訓練、與助手的配合訓練、加上其他的體能訓練等等，以加強步法訓練的時效性。

在進行步法訓練時，拳手必須學會如何及時發現訓練

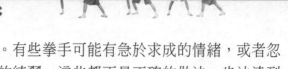

中出現的問題。有些拳手可能有急於求成的情緒，或者忽視並繞過步法的練習，這些都不是正確的做法。步法達到熟練運用並非一日之功，必須有恒心堅持訓練。

訓練中，不要長時間死板地固定在一個地方，應當學會在靜態或移動中做出快速靈活的反應，使自己具備攻擊或追擊目標的能力。

當步法運用已達到隨心所欲的程度時，拳手的身心也已達到自由的境界。他們會運用身心本能的反應和直覺去感應泰拳的一切，而這也正是泰拳所追求的最高境界。

一、泰拳的基本步法訓練

拳手可以在教練員的指導下，或者自己根據相關資料去學習正確的步法技術，同時，要加強身體素質的訓練，以配合步法的進度。

開始可以先選擇一種較易掌握的步法進行訓練。練習中要注意初期的速度，不宜過快。

建議，有關的步法訓練可按以下順序進行。

- 前進步單獨步法練習；
- 前進步連續向前練習；
- 後退步單獨步法練習；
- 後退步連續向後練習；
- 向左或向右的步法練習；
- 衝刺步的練習；
- 斜進步的練習；
- 斜退步的練習；
- 旋繞步的練習；

- 跨步的練習；
- 轉折步的練習；
- 縱步的練習。

其他步法的配合練習可以根據需要進行。

二、各種步法的綜合訓練

- 前進步 —— 後退步重複練習；
- 左右跨步配合練習；
- 進步 —— 左閃步配合練習；
- 進步 —— 右閃步配合練習；
- 退步 —— 左閃步配合練習；
- 進步 —— 右閃步 —— 進步配合練習；
- 退步 —— 右閃步 —— 退步 —— 左閃步配合練習。

其他步法配合練習可以根據需要決定。

三、器具訓練

- **彈性帶**

拳手用一條有彈性的帶子繫於兩腳踝處，兩腳站立約同肩寬，進行前進步或其他步法練習。

- **跳繩**

拳手以立正姿勢站立，兩臂屈肘，兩手分別握住繩的兩端，將繩子置於身體後方，繩子的長度要與拳手的身高相適宜。

跳繩時，可以兩腳交換跳、兩腳並步原地低跳。跳繩次數可自行決定，但一定要掌握正確的練習方法。

之後，再進行配合步法的跳繩練習，如兩腳做進步或

退步的練習等。

● **沙袋**

面前吊一沙袋，拳手以拳椿姿勢站立，距沙袋約一步遠，兩眼注視沙袋，用前手暗勁觸動沙袋，隨沙袋的擺動做步法練習。當沙袋擺近時，拳手做退步後移；沙袋擺遠時，以前進步緊隨向前，以及結合其他步法練習。每做一次後退或向前跟進時，都以不觸及沙袋為佳。練習以 3 分鐘為一組。

● **負重**

拳手將小沙袋縛於小腿上，或者身負重物，進行各種步法的練習。負重練習可以延長拳手的步法耐久力。練習以 3 分鐘為一組。

四、助手配合練習

● **接受訊號反應**

拳手與一名助手配合。助手向前發出手勢，拳手連續做後退步的練習，相反，則進行向前進步的練習。

助手向拳手逼近，拳手做向後退步；助手向後退，拳手做向前進步的練習，若干次為一組。

● **對練**

與助手做各種攻防動作練習。先讓助手進攻，拳手做防護步法的移動技術；拳手進攻，助手做後退步法及防守練習。練習約 3 分鐘為一組。

其他練習方法，可在訓練中結合自身狀況自行選擇。拳手在做步法練習的同時，還應同時加強身體的柔韌性、靈活性、耐力等方面的訓練。

五、泰拳步法與技擊的各種因素 之關係

(一)步法與身體素質的關係

泰拳中的每一次發招都與步法的運轉有著直接關係。拳手需要依靠腿腳動作穩固自己的身體，在移動變式中是由腿腳對地面的反作用力來完成的。

拳手利用腿腳的反作用力和身體各項基本素質的支持，才能形成技法所需要的動作速度、速度耐力、動作力量，並依靠肌肉的拉長與收縮完成技術動作。這些都體現了身體素質與步法運用之間的相關性。

(二)步法與拳勁的關係

泰拳拳技的任何一個動作都需要步法的緊密配合。泰拳看起來很剛勁缺乏柔和，實際並非如此。拳手在出招時並非一味使用蠻勁，相當一部分依靠的是腳掌蹬地產生的作用力。

拳手從拳樁發直拳攻擊時，依靠腳掌蹬踏地面來推動身體前傾，握拳之手借助身體重心前移的瞬間向前迅速擊出。此時，出拳的力量不完全依靠手或手臂，另一部分力量發之於腳，如果發腿攻擊則更能體現出腿的力量。而這種力量不全是腿部肌肉群的發力，首先是靠腳的蹬地作用所產生的反彈勁力推動了身體移動，促使臂肌和腿部其他肌肉群收縮，從而推動腿的出擊。

泰拳中的摔法也要靠步法的配合才能得以充分發揮，

拳手在採用摔法時，無論處於主動還是被動，也無論在與對手的糾纏中摟抱或擒住對手，上身都會跟著變勢，髖部和臀部會同時動作，再配合以兩腿動作，產生某種技術的發力，從而完成整個摔法過程。

(三) 步法與身法的關係

不僅是泰拳，其他武術形式同樣重視身法的練習。拳手不僅需要靈活的步法完成技術，還需要敏捷的身法配合達至最佳攻擊效果。

出拳發腿發力時，特別強調拳手的身軀、腰、腿的和諧調配，這就是指的身法運用問題。身法包括腰、腹、髖等身體部位的柔軟程度，以及出招時肌肉的適度放鬆等。身法訓練不到位，會大大降低攻擊效果。

(四) 步法與速度的關係

速度與步法的配合有著密切聯繫，儘管步法靈活多變，但如缺少了速度的支援和保障，會在實戰中由於速度不快而貽誤戰機，甚至因此遭受對手的打擊。拳手若能以快速的移動接近或遠離對手，進行快速的攻擊或防守，才能真正在實戰中佔據主動並取得優勢。

泰拳在搏擊中所猛然爆發的勁力，體現的是整體性的勁力。拳手在出拳或是發腿所表現的勁力，是拳手經過心力調整、手臂和腿部的關節肌肉的伸屈或彈擊所釋放的力量，而這種力量首先體現在速度上。

泰拳作為爆發力極強的運動，其所需的爆發力，相當一部分是依靠速度予以支援的，往往是在擊中對手的一瞬

間才得以充分體現出來。因此，在泰拳訓練中所追求的是快速擊打效果，同時要求在步法和速度的配合上快而不亂、運用自如。

(五)步法與平衡的關係

步法的移動應當有利於出拳和發腿，在此過程中，身體會隨著步法的變化而出現向上、向下、向左、向右的位移。在實戰中，步法的前進、後退、左閃、右閃、騰挪等動作均要求敏捷迅速，果斷堅決，所有動作都要去掉多餘的東西。

然而搏擊中這些複雜的變化，要求拳手時刻保持身體重心的穩固，以確保在移動中具有很強的控制身體的能力，這種穩固性要靠腳的支撐和平衡能力的調整來實現。拳手平衡能力的強弱是實戰中能否獲勝的關鍵點。平衡能力的高低是考察一名拳手是否成熟的重要方面。

平衡能力較強，才能創造出良好的進攻條件，並能隨時根據對手的情況，自然決定採取何種對策並予以實施。作為拳手，不管是出拳還是發腿，不管是擊出動作還是收回招式，都要保持高超的平衡能力。一個攻擊動作完成後，能夠快速地恢復防守態勢，並為下一個動作做好準備。拳手要想提高平衡能力，就需要在日常訓練中多做步法和平衡性的練習。

(六)步法與距離的關係

距離是指拳手在進攻和防守時與對手間的空間距離。在激烈的搏鬥中，保持與對方的合理距離主要靠拳手步法

的調整，才能達到攻守目標。

　　步法的移動會直接影響拳手的進攻和防守效果，因而步法移動的距離是否適宜是實戰中不可缺少的技術因素。移動距離太短，打不著對方，距離太近又影響發勁出招。防守也是如此，當對方出拳時，實際距離還很遠，但防守方卻條件反射般地做出防守動作，常常就會上當，反而招致對手的強力攻擊。

　　如果拳手做一個假動作或者抽擊，逼迫對方向後仰身或改變姿勢，拳手就可借助快速的移步拉近與對方的距離，準確地攻擊對方。

第四章

泰拳的技術分類

　　泰拳是世界公認的徒手自由搏擊技藝，被譽為「八條腿運動」。泰拳素以技術樸實、招法簡練、攻擊性極強等特點揚名功夫界。泰拳的技術主要由拳法、肘法、腿法、膝法、摔打法五大類組成，在摔打法中有一些反關節的扭摔打法，但缺少中國武術中的擒鎖技術。

　　在泰拳中沒有套路，拳手全憑練好幾種手和腳的基本動作後，在實踐中去磨練自己，如何應用，要靠拳手靈活巧妙地使用。在泰拳的正規比賽之外，泰拳還有一些花招技術，可以在賽場外的搏擊中使用，包括頭撞、口咬、臀擊、撩陰、打穴、戳擊等比較狠毒的招式。

　　泰拳的招式看上去似乎有些簡單粗糙，但是深入瞭解後就會發現它其實是一種非常縝密的攻防搏擊技術。

第一節　泰拳拳法

　　泰拳拳法大致分為四類：刺拳、直擊拳、勾擊拳、擺擊拳。這幾種拳法在絕大多數泰拳比賽中都常常見到，是拳手主要的拳擊技術，在此基礎上，還形成了一些如撐拳、摑拳、回擊拳等有特色的其他泰拳技術。

　　每一種拳法技術都可根據不同情況分為左手攻擊法和

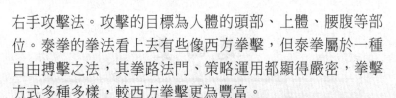

右手攻擊法。攻擊的目標為人體的頭部、上體、腰腹等部位。泰拳的拳法看上去有些像西方拳擊，但泰拳屬於一種自由搏擊之法，其拳路法門、策略運用都顯得嚴密，拳擊方式多種多樣，較西方拳擊更為豐富。

學習泰拳拳法需要瞭解其基本的運用情況。刺拳是以前臂發力進行短促攻擊的拳法；直擊拳是從正面擊打目標的拳法；上擊拳是由下向上擊打的拳法；擺拳是從側面擊打的拳法。從距離上又可以分為遠距離攻擊和近距離攻擊的不同。每種拳法又可以結合個人自身的特點，並根據對手的姿勢與動作變化、搏擊的速度、戰術的運用不同而隨時進行變化，由此衍生出泰拳極為豐富的技術打法。

拳手在出拳的時候，其兩腿的動作也會根據情況出現不同狀況。一種是左撇子拳的格鬥姿勢；一種是以右手在前的格鬥姿勢。有些拳手在拳頭擊中對手的瞬間，可以左腳蹬地，也可以右腳蹬地發勁，這說明，拳手的發拳技術不是一成不變的。在學習時，拳手可以在教練的指導下，充分發展自己的技術特點。

一、直擊拳

（一）左直擊拳

由拳樁開始做左直擊拳動作（在後面的介紹中，拳樁姿勢均省略，可參看拳樁技術的章節）。身體重心移向左腳，右腳蹬地，腳跟稍提起，左手握拳向前發出，兩眼注視前方（圖4-1、圖4-1附圖、圖4-2）。正視，兩腳開立圖。（圖4-3）

圖 4-1

圖 4-1 附圖

圖 4-2

圖 4-3

(二)右直擊拳

由拳樁開始做右直擊拳動作。與左直擊拳有些近似，身體重心偏向左腿時，上體左轉稍前移，右腳踏地推動身

體的同時，右肩隨右拳向前發出。此時，拳與肩、腰、右腳形成連貫的力度發勁線，發拳時頭微低，便於保護下頜，勁力達於拳頭，兩眼注視前方（圖 4-4、圖 4-4 附圖）。側視。（圖 4-5）

圖 4-4

圖 4-4 附圖

圖 4-5

(三) 左刺拳

由拳樁開始做刺拳動作。重心稍向前移至左腳，右腳前掌蹬地，腳跟抬起，右腿伸直，同時左肩前傾，左拳直沖向前，右手保持防守姿勢不變，兩眼注視前方。（圖4-6）

圖4-6

【說明】

直擊拳在泰拳中為最基本的拳法技術，在拳賽中被稱為正拳、刺拳、引拳等。直擊拳動作簡單，發招迅速，準確有效。作為泰拳拳手必須首先掌握這種基本拳法。直擊拳是泰拳學習的第一課，掌握了它，拳手就可以將基本的拳法動作層次分明地運用於實戰，有利於拳手靈活地移動步伐，使得一個新的拳手可以掌握遠距離的打鬥，培養正確的距離感覺。直擊拳多被用於遠距離和中距離的攻擊手段，是拳手的看家拳法。直擊拳與防守技術相結合，就是一種有效的反擊手段，或有效阻止對手攻勢的手段。在一定條件下，利用直擊拳法逼使對手無法靠近，用以保持與對手的合適的距離。配合步法的移動，利用直擊拳爭奪攻擊的主動權。

直擊拳對速度的要求較高，能做到快速出拳，常能破壞對方的平衡，擾亂對手的防禦態勢，為其他拳法或腿法的使用創造進攻條件。

左直擊拳是一種很重要的進攻手法，在實戰中狠狠地發出一招左直擊拳，會逼使進攻中的對手不得不轉入防守

姿態，而當對手匆匆轉入防禦時，就會暴露其防守中的空檔，如此一來，拳手就可以利用這個機會，使用其他拳法相互配合給對手致命的打擊。左直擊拳作為拳法第一招式，需要經過長久的磨練方能得心應手。

左直擊拳也可以用於試探、誘惑對手，為強有力的後續攻擊做好準備。左直擊拳雖然在拳勁上稍微遜色一些，但一旦精於此法，同樣可以運用它占得搏擊的主動權，有效控制對手，進可以攻，退可以守，打擊對手的鬥志。左直擊拳可以進行連續發招攻擊，運用此手段可以有效遏制對手的攻擊勢頭，同時也為自己重新打開攻擊的空間。利用左直擊拳的威力，拳手可以拳擊對手的頭部、眉角、鼻軟骨等脆弱處，從而戰勝對手。

實戰中，因左直擊拳的攻擊動作線路較短，容易接觸到攻擊目標，因而要求拳手發拳時動作要快速準確兇狠。如用左直擊拳攻擊對手頭部，遭到對手迎擊的可能性小一些，這樣可使拳手在對敵時距離可稍遠些，並可隨著身體的右轉變式，能較好地閃避開對手的迎擊。

如果距離對手較遠使用左直擊拳，擊出之拳可隨著右腳蹬地、身體衝向對手而施用，也可以配合滑步，身體前移時，迅速敏捷的完成。在搏擊中，身體可迅速擰轉，以增加擊打力量。

以左直擊拳攻擊，當身體重心移至左腿、左拳接觸目標的一瞬間，拳手要能夠使左腿立即制止身體進一步向前移動，這樣當拳手出拳擊空時，能夠很好地保持身體的平衡。

運用左刺拳，要以拳樁姿態開始儘快接近對手。左刺

拳是一種變勢的招法，拳手應當很好把握。刺拳的目的是誘使對手出拳，然後帶出一系列重擊拳法。

發左刺拳時動作一定要快速敏捷，在對手尚未做出反應時突然發招攻擊。左刺拳攻擊的成功與否，有賴於拳手對於距離、時間與空間的準確判斷，還與拳手動作的隱蔽性和欺騙性水準高低有關。

右直擊拳是一種重擊拳法，運用時要十分謹慎。與左直擊拳不同的是，右直擊拳的出拳是位於身體後方的，出拳的距離較遠，一旦擊中目標，破壞力較大。實戰中，當使用左直擊拳攻擊而使對方露出破綻時，接著使用右直擊拳進行攻擊是一個較好的選擇。在比賽中，拳手需要克服的最大問題是自己打算發出的右拳過早地被對手發現而進行有效防範，因此，在訓練中要注意並設法克服之，盡可能使自己的出拳具有很強的隱蔽性。

在實戰中，右直擊拳一般不要盲目隨意地使用，一般都需要在左直擊拳的掩護下出其不意地發動攻擊，才能產生重拳一舉擊潰對手的作用。

一名拳手應當使自己非常善於使用右手拳，右手拳是得分的重要手段。每一名拳手都應具有正確的右手拳法及其嫻熟使用的能力。

實戰中的運用，當對手正在向前移動時，拳手發出的拳招會因對手身體向前的慣性而增強擊打效果。右直擊拳的攻擊與左直擊拳不同，用左直擊拳擊打對手上身，一般多為佯攻，右手拳才是真正重擊的攻擊動作。拳手技術較好的話，也可以在右手拳擊打後，緊接著發出左手拳攻擊對手，收效甚佳。在運用右手拳時，一定要注意防範對手

的迎擊拳或其他反擊動作，特別是在做轉身動作時，很容易受到對手的右拳擊打，因而拳手要善於在移動步法時盡可能避開對手的攻擊，做出必要的防守動作。

【練習方法】

1.動作練習

（1）左直擊拳

由拳樁姿勢開始，身體保持一定程度的放鬆；

隨時保持警惕，強化對外界變化的反應能力；

重心前移，腳掌靈活機動；

身體與左肩向右擰轉，以強化左臂的動作；

右拳提於頜側，臂守中部，保持防守反擊意識；

擊發的中途旋臂以使拳勢轉正；

擊發的勁力來自身體的擰轉與後腳的踏地之力；

快速擊出，立即收回。

（2）右直擊拳

右腳前掌著地用力，腳跟抬起；

以身體左側為軸，向左稍轉體；

右拳隨之向前，沿水平方向發出；

出拳的中途手臂內旋，拳心向下；

左拳隨右拳的擊出回收至下頜處，保持防守狀態。

（3）刺拳

右拳置於下頜右側，屈肘護肋；

左拳鬆握，以上身為縱軸轉身，以促出左刺拳；

左拳沿著一條直線沖出後，在將要完全擊出之際握緊拳頭；

前臂內旋，拳心向下，兩眼注視前方；

沖左拳時，可以配合向前進步動作快速擊出左拳，同時右腳以腳前掌用力蹬踏地面；

不論在原地還是行進間的拳法練習，也不論是出擊還是防守，都要保持平行移動；

做動作時不可上下起伏；

保持正確的拳法練習方法，培養好的出拳姿勢。

【握拳方法】

握拳姿勢正確有利於產生較強的擊發勁力；（圖4-7）

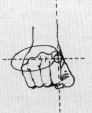

圖4-7

先握緊四指；

拇指屈曲，橫置於食指中間；

勁力在中指、無名指至小指根部；

擊出之拳與前臂呈直線形；

在擊中目標前的一瞬間驟然握緊拳頭。

2. 器具練習

（1）沙袋

左右直擊拳擊打沙袋；（圖4-8、圖4-9）

圖 4-8

圖 4-9

　　先以左輕右重的打法進行練習；

　　再進行右重左輕擊打或右輕左重的方法進行練習；

　　訓練以最基本的動作擊打沙袋，注意動作的連貫性，並把握輕重分明。

　　配合步法做向前進步擊打沙袋；

　　準確及時的出拳和收拳；

　　不斷提高拳法的運用水準，增強勁力。

（2）拳靶

進行拳靶練習要掌握正確的方法；（圖 4-10）

與助手配合進行訓練，結合步法移動進行訓練；

助手可以做各種躲閃動作；

制定能夠檢驗拳手擊打技術是否正確的方法；

利用多種器具提高身體的協調性；

用單擊、連擊等方法擊打拳靶；

組合擊打練習。

在泰拳的練習中，拳手在做好上述器具練習的基礎上，為了加強技術進步，還可以運用其他一些有益的器具練習方法。其中有一種梨球擊打法，可以提高拳手的反應速度，促進動作的協調性、靈活性、準確性等素質，加強拳手眼睛的反應能力，增強兩手臂的上舉耐久力，磨練拳樁架勢的持久力。

梨球擊打法是泰拳引用的方法。拳手首先要做好準備活動，手上纏上繃帶，或戴上擊打沙袋用的手套，調整好

圖 4-10

人與梨球間的距離，梨球懸掛的高度以兩眼平視梨球最粗大的部位為宜，所站立的位置宜在梨球反彈回來觸碰不到拳手的面部為好。

擊打練習時，先擊打梨球最粗大部位的中心點，慢慢地讓梨球產生反彈，運用以耳朵聽到梨球的反彈聲，憑反應進行擊打。在擊打中如果梨球產生歪斜時，要矯正後再進行擊打，否則會影響練習的準確性。練習方法大致按照西方拳擊的練法進行，發拳中不能有多餘的動作。

器具訓練，拳手擊打沙袋若是為練習出拳速度，可用30～50公斤的沙袋。這種沙袋可以鍛鍊拳手的靈活步法和把握出拳的機會，以及在不斷的擊打中保持身體平衡的能力、出拳所需的重心轉移技巧等。

此外，還有一些其他的練習方法，比如拳手可以擊打吊在空中的紙靶，提高快速出拳能力。還可以運用對打練習來掌握拳法的實用性。

3. 對打

（1）左刺拳對練

拳手與助手配合。拳手用上步左刺拳襲擊助手，助手退步，用右拳迎擊防禦。雙方做一進一退、一攻一防的互換練習。這是單招的技術對練法，比較接近實戰演練。

練習時間以 3 分鐘為一組。

（2）右直擊拳對練

拳手與助手配合，拳手上步並以右直擊拳攻擊，助手退步，用左拳做撥格防守動作。兩人互相交換反覆練習。

練習時間以 3 分鐘為一組。

（3）右直擊拳組合對練

主要進行以右直擊拳為主的組合拳法練習。

與助手進行一攻一守的練習時，可根據不同的訓練內容和階段進度有選擇的進行，以加強拳手的實戰應變能力，逐漸提高出拳速度、擊拳力量和發招的準確性。

在實戰對練訓練中，拳手先採用單一動作做攻防練習，或者先放慢速度，待雙方熟練到一定程度後，再進行正常速度的攻防練習。對練中可以讓一方只用一種拳法做進攻動作，也可以用規定好的幾種拳法做進攻動作，防守一方可以選用一種防禦動作進行防守，這樣對提高拳手水準效果很好。對練可以較好地激發拳手的訓練興趣，進步也比較快。

練習的時間以 3 分鐘為一組。

（4）左刺拳進攻

甲方以拳樁姿勢開始，重心移至前腿，右腳腳前掌蹬踏地面，隨著腳跟的抬起，右腿伸直，左肩前傾，左刺拳直沖向乙方的面部，右手仍處於防守姿勢不變。（圖 4-11）

圖 4-11

甲方可由拳椿姿勢迅速下蹲屈膝，在身體下潛的同時，兩肩相對於乙方的腹部水平，緊接著甲方用左刺拳直沖乙方的腹部，在擊中乙方的瞬間，握緊拳頭，拳心隨前臂的擰轉向下，左肩防護左腮，右拳防護右腮，減少頭部

圖 4-12

的位置暴露，以防對手的反擊。（圖 4-12）

當左刺拳完成後，應迅速恢復成拳椿防禦姿勢並準備再次進攻。

（5）左直擊拳攻擊頭部

甲方將重心移至左腿，右腳蹬地提起，發出左直擊拳攻擊乙方的頭部，發出左拳時右手張開上抬護住下頜，以肘部護住上身，左肩護住左側下頜。（圖 4-13、圖 4-14、圖 4-15）

左直擊拳攻擊頭部的距離較短，容易接觸到目標。出於戰術的目的，可以從遠距離使用左直擊拳攻擊對手，在接觸目標時，要控制好自己的身體平衡，以便再度前移，此時稍微轉身就會擊中目標。

（6）左直擊拳攻擊上體

甲方配合步法向乙方滑進，在右腳蹬地加力的同時，左手拳心向下，隨身體的前傾突然攻襲對手，擊打乙方的

圖 4-13

圖 4-14

圖 4-15

腹部、胃部和肋部。出拳的同時，甲方為防護頭部，身體向前下俯，下頜緊貼左肩，右手防護，同時，準備發右手進行攻擊。（圖4-16、圖4-17）

　　採用左直擊拳攻擊對手上身，必須保持身體的重心穩定，左腳外展，使身體不要過於前傾，右腳蹬地並擊出左拳後，左腳要牢固支撐重心。左拳發出後要迅速放鬆，整個肩關節也要相繼放鬆，右腿可隨著動作變化稍稍下屈以

圖4-16

圖4-17

消除前衝的身體勁力。

（7）右直擊拳攻擊面部

　　乙方用左刺拳沖向甲方；甲方左腳可向左斜滑進一步，右腳前掌踏地用力，隨著腳跟抬起，以身體為軸，快速向左稍轉身，右拳緊接著沿乙方左臂內側沖出，攻其面部，拳心向下，左手拳隨右拳的擊出而回收於下頜，以防備乙方的反擊。（圖 4-18、圖 4-19）

圖 4-18

圖 4-19

　　從拳樁發拳攻擊對手，能夠較好地追求擊打的效果，配合步法向前移動時，要控制好身體的平衡，擊打結束後也要及時地移動，如果停止不動是非常危險的。此時，因右手已經發出，原來的右手防護已失，身體的破綻基本暴露，乙方隨時可能採用左手拳還擊。如果右拳擊空的話，拳手要快速恢復到拳樁防守姿勢，或在可能的情況下再採取左手拳跟進攻擊。

　　（8）右直擊拳攻擊上體

　　甲方故意暴露一些破綻，引誘乙方；乙方欲運用左刺拳出擊，甲方迅速下潛，同時向前斜進一步，將重心移至前腳，後腳蹬地，兩肩與打算攻擊乙方的目標處於同一水準上，緊接著甲方以上體為軸擰腰，協助右拳沖出，攻擊乙方上體。（圖4-20、圖4-21）

　　拳手在以右手拳攻擊對手上體時要注意預防對手右手拳的迎擊。可用左掌護住頭部，左肘護住上身，盡可能在移動中避免對手的還擊。

圖4-20

圖 4-21

（9）直擊拳連擊

甲方進步，用右直擊拳攻擊乙方；乙方以肩阻擋；甲
方緊接著發出左直擊拳擊打乙方面部；乙方被迫後退躲
閃。（圖 4-22、圖 4-23）

圖 4-22

圖 4-23

出拳要準確，如果對方後退或躲閃，拳手要配合步法發出連擊拳追擊對手。連擊的目的是迫使對手處於被動局面。運用連擊拳攻擊時，要注意防守自己的下肢，以防對手的出腿攻擊。連擊拳法的動作必須快速，不給對手反應的機會。

（10）直擊拳引招

甲方先以左直擊拳攻打乙方頭部，迫使乙方上抬手臂防護頭部；甲方在準備收回左手時，隨著右腳向前踏地的勁力，左腿猛然前踢乙方的襠部或腹部，擊中乙方。（圖4-24、圖4-25、圖4-26）

運用拳法引誘對手，可以從拳樁直接出招，也可以變化拳勢出招，目的是引誘對手出招或變化姿勢，為自己的下一輪攻擊開路。引招動作必須突然、直接、快速地完成。

此外，還可以做或上或下的連擊，並可配合其他技術進行攻擊。

圖 4-24

圖 4-25

圖 4-26

二、勾擊拳

(一)左勾擊拳

　　由拳樁開始做左勾擊拳動作。全身稍放鬆，以身體右側為軸，迅速向右擰轉肩部和臀部，使身體重心向右腿移動，左腳蹬踏地面，左肩由前外向內劃一平行的弧線擊向前方，在擊拳的瞬間握緊拳頭，拳心向內，右手保持防守姿勢不變；兩眼注視前方。（圖 4-27、圖 4-28、圖 4-29）

圖 4-27

圖 4-28

圖 4-29

(二) 右勾擊拳

　　由拳樁開始做右勾擊拳動作。以身體左側為軸，快速向左稍擰轉上身，右腳掌用力蹬地，使身體重心移向身體左側；右手握拳，突然由外向內劃一弧線向前擊出，左手防守；兩眼注視前方。（圖4-30、圖4-31、圖4-32）

圖4-30

圖4-31

圖4-32

(三) 上勾擊拳

由拳樁開始做上勾擊拳動作。身體稍右轉，左腳掌蹬地，腳跟外展，同時向右上挺髖；左手借挺身的勁力向右上勾擊而出，肘部約彎曲 90°。（圖 4-33、圖 4-34、圖 4-35）

【說明】

勾擊拳法是一種近距離的擊打方法，通常與直擊拳或擺擊拳組合成連續的攻擊手段。勾擊拳一般從拳樁開始，以前後兩手出拳，分為幾種不同的擊打路線，變勢成為平勾擊拳、上勾擊拳、橫勾擊拳、下勾擊拳等等。根據實戰的不同情況，勾擊拳法出拳時其肘臂的彎曲度在一定程度上可大於 90°，或者小於 90°。如果肘部抬起與肩部處於同一水平時，擊打路線變短，就成為平勾擊拳。

圖 4-33   圖 4-34   圖 4-35

運用勾擊拳法配合步法移至適當的距離，常可有力地擊中對手的腹部、下頜、頸部等部位，如果是重擊拳，將會使對手在一瞬間就失去戰鬥力。勾擊拳屬於近距離常用拳法，在發拳時隨肘部的上抬打向目標時，拳心向內，並利用腰部的擰轉力量加強拳擊的突然性和擊打力量，發出勾擊拳時，轉體動作不要太大，身體重心由一腿轉移到另一腿上。近距離發勾擊拳，其擊打的路線較短，線路短的好處是動作幅度也較小，速度也較快，用勾擊拳突然出拳，常會令對手猝不及防，容易受到攻擊。當然，勾擊拳也可以由遠距離發出，但在採用遠距離擊打時，需要配合迅速的前進步法去接近攻擊的目標。

勾擊拳法多用於攻擊對方的太陽穴、耳根、腰、腹、胃脘等部位。

較出名的泰拳拳師在運用左勾擊拳時，可以演化為左平勾擊打、左上勾擊打、左下勾擊打或左斜面勾擊打的招式變化。無論哪種拳擊法，勾拳都是一種行之有效的和受拳手喜愛的短距離重擊拳法。勾拳以手臂屈曲似勾狀，以拳攻擊目標，所以被稱之為勾擊拳。勾擊拳的另一個主要作用是可以作為反擊性拳法或組成攻擊性的連續拳招的一部分，還可以作為防禦性拳法運用。勾擊拳的進攻路線一般在對手的視線以外，對手防禦這種拳法較為困難。但是從另一角度也要告誡拳手，使用此種拳法的關鍵是進攻路線必須隱蔽，發招動作必須快速，應當在對手尚未發現之前就已出其不意地擊中目標，否則就會事倍功半。

右勾擊拳與左勾擊拳相似，運用時可以採用右平勾擊拳、右上勾擊拳、右下勾擊拳或右斜勾擊拳等變勢的招

法。右勾擊拳一般在左拳的配合或掩護下更能準確地、短距離地狠擊或還擊對手。右勾擊拳一般不輕易地發出，但是一旦發現機會，就要給予對手毀滅性的攻擊。需要注意的是，不論發右勾擊拳進行攻擊還是防禦右勾擊拳，拳手都要謹慎地採取行動，決不能任意妄為。

右勾擊拳法主要用於中距離或者短距離的攻擊，也可以用右勾擊拳破壞對手的進攻，從而產生以防代攻的效果。它可以攻擊對手的下頜或者軀幹的有效部位，特別是在對手縮身時用右勾擊拳會給對手重擊。

勾擊拳的訓練方法：

1. 動作練習

（1）左勾擊拳
- 由拳樁開始發出左勾擊拳；
- 力量來自於左側身的急轉；
- 右側身以穩固支撐；
- 身體在擰轉中控制好重心的移動變化；
- 左腳隨動作蹬轉；
- 髖關節稍向右旋轉；
- 將轉體的力量傳遞到手上；
- 猛力擊出拳頭時以左肘為力點；
- 左臂在發拳時保持 90°；
- 擊出左拳後，右拳保持防守姿態；
- 整體動作為：腳蹬地、挺髖、轉體、出拳；
- 動作熟練後可以配合步法運用。
（2）右勾擊拳

- 由拳樁開始，拳心轉向內，虎口向外；
- 肘關節彎曲成 90°；
- 身體微向左轉；
- 左拳略向下降；
- 身體由下向前上方並利用右腳蹬地力量；
- 快速發出右拳；
- 發拳要借助突然收腹的振動力；
- 兩腿隨動作而微屈；
- 身體重心微向前移；
- 出拳時有含胸、收臀等身體的協調動作；
- 注意保護下頜。

（3）上勾擊拳

- 動作路線為自下朝上弧形發出；
- 以拳樁姿勢身體前傾，微向右方；
- 垂右拳收向身體；
- 突然的挺身和同時的轉體動作；
- 左手或右手握拳，循弧線由下向上前擊出；
- 臀部可隨勢略轉。

2. 器具練習

（1）沙袋

- 由拳樁姿勢開始；
- 左臂屈肘，拳頭由下向上勾擊沙袋；（圖 4-36、圖 4-37）
- 左手拳平勾擊沙袋；（圖 4-38）
- 右手拳勾擊沙袋；（圖 4-39）

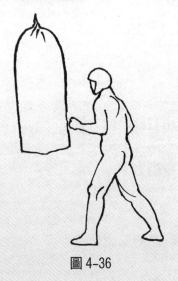

圖 4-36

圖 4-37

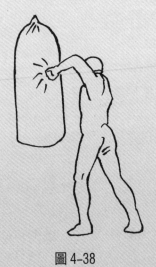

圖 4-38

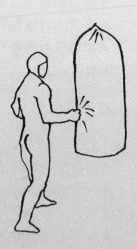

圖 4-39

● 出拳要正確，擊打力度適宜；

● 左右手交換練習；

● 擊打中要借助腰部的轉動；

● 上體可隨動作的變化要求而轉身；

● 每一次擊打，臂部肌肉要由放鬆到突然緊張，擊出後再放鬆；

● 提高勾擊拳的準確性和力量；

圖 4-40

● 上勾擊拳擊打沙袋時膝部微屈，身體重心降低，緊接著屈肘向上勾擊。（圖4-40）

（2）吊球

● 由拳樁姿勢開始；

● 用左右手拳擊打吊球；

● 擊打方法可與打沙袋相似；

● 一次練習以3分鐘為一組；

● 練習次數可根據自身具體情況確定。

3. 對打

（1）左勾擊拳攻擊頭部

使用左勾擊拳需要先用假動作或佯攻，引開乙方的注意力，使乙方頭部的防守被破壞，從而創造進攻機會；甲方以身體右側為軸，迅速向右擰轉肩部和臀部，使身體重

心移至右腿；左腳前掌蹬地，左肩在放鬆的同時，左拳由拳樁向前外、向內劃一弧線，直取乙方頭部和面部；左拳擊中乙方時，拳頭握緊，拳心向內；右手保持防守姿勢。（圖4-41、圖4-42）

左拳的攻擊要選擇有利時機，擊中目標後，拳心向內，擊打時前腳掌著地，控制身體的瞬間平衡。也可以為了接近對手而讓左腳向前進一小步，突然襲擊對手。左腳前進右腳隨即跟進，攻擊結束後方可恢復調整步伐。

圖4-41

圖4-42

（2）左勾擊拳攻擊上體

乙方用右手拳襲向甲方；甲方立即下潛，以身體右側為軸向右擰轉身體，右腿隨之屈膝，左腳掌用力蹬踏地面；在身體重心移向右腿的同時，以左勾擊拳平擊乙方的胃脘或肋部，右拳保持防守不變。（圖 4-43、圖 4-44、圖 4-45）

圖 4-43

圖 4-44

圖 4-45

　　用左勾擊拳攻擊對手上體與攻擊其頭部相似，只是在擊中對手上體時，拳手身體前傾的幅度稍大一些，兩腿也隨著彎曲，重心下降。身體在收縮時可以更接近攻擊目標，發拳的勁力也更足。左勾擊拳攻擊對手上體時，可以直接進攻，也可以結合防守動作在對手逼近時展開反擊和迎擊。拳手還可以用左勾擊拳先發動攻勢，起到破壞對手防護的作用，緊接著配合多種拳法重創對手。

　　（3）右勾擊拳攻擊頭部

　　乙方用左手拳向甲方打去，並滑步向前接近甲方；甲方在乙方之拳尚未擊中自己之前，左腳向側滑一步，右腳緊跟前滑，腳掌蹬地，閃過乙方的拳頭，同時，右拳向下經乙方腰部向上直勾擊乙方頭部和面部；甲方前臂外旋，拳心向上，左手收回左側做防守姿勢，注視乙方。（圖4-46、圖4-47、圖4-48）

　　運用右手拳攻擊，拳手要以腳的蹬踏地面的勁力向目

圖4-46

標快速移動，一旦靠近目標即發拳攻打對手。右腳蹬地後
仍處於左腳後面，左腳腳前掌觸地，以緩衝身體的前衝
力，控制好身體的平衡。如果用右勾擊拳直接攻擊對手效
果不佳，右手出拳動作路線較長，動作幅度大，對手會做
好充分的防守反擊的準備。因此，需要與其他種拳法很好
結合才能有效擊破對手的防守。

圖 4-47

圖 4-48

（4）右勾擊拳攻擊上體

雙方對峙中，甲方開始向對手逼近，左腳向左前方移動一小步，同時移動重心至左腳上，身體沿斜軸線左轉，猛力發出右勾擊拳，擊中乙方胃脘或腰腹部；在出拳擊中對手的一瞬間，右拳向裏，以拳鋒擊中目標，出拳後注意防守。（圖4-49、圖4-50）

以右勾擊拳攻擊右手右腳在前的對手，效果是不理想的。因為從遠距離或中距離發出的右手拳，很容易擊在對手的左手肘上，自己的手很容易受傷。只有在對手以左勢向前時方能有效進攻。用右勾擊拳擊打對手上身或側身，出拳時拳手要緊縮身體，擊出拳後身體要向左前方運動，預防對手的還擊。

圖4-49

圖4-50

（5）左上勾拳攻擊頭部

乙方向前進步；甲方或者移動或者原地將身體重心向左移至左腿上，在出拳的瞬間，猛然向右轉體挺身，左臂屈成小於 90° 的角，左手拳迅速地由下向上勾擊乙方頭部或下頜，擊打中左臂向攻擊目標直線運動，拳心向裏，拳鋒朝上；右手保持防護姿勢護住下頜。（圖 4-51、圖 4-52、圖 4-53）

圖 4-51

圖 4-52

圖 4-53

一般情況下，在對手前傾上身時用左勾擊拳擊打對手頭部效果較好。出左手拳的拳手多數側身對著對手，但有時也可以直接正面出拳攻擊對手。如果遠距離的出拳進攻，拳手要側身向前發拳，以便加長出拳的距離，這樣做會迫使對手直起身體，有利於拳手攻擊。有時為了更好地擊中目標，出拳時可使腕部向裏彎曲少許，拳頭也稍向裏，這樣以拳鋒對準目標，加強了攻擊的硬度和強度。

（6）右上勾擊拳攻擊頭部

搏鬥中，乙方忽視了防守下頜，甲方正面面對乙方，可隨即發出右上勾擊拳上擊對手頭部或下頜，也可以配合步法上前一步攻擊。為更有效地擊中乙方，兩腿隨動作伸直，由右向左轉體，右肩、右前臂向上沖，拳鋒向上，拳心向內；左手護住頭部，左肘在下垂中護住身體的左側。（圖 4-54、圖 4-55）

右上勾擊拳在搏鬥中可以結合後閃或防守技術，抓住

時機發出右上勾擊拳，效果較理想。如果對手在進攻中身體前俯，既可採用此類打法。出拳時，重心要移在左腿上，以身體的擰轉增加拳擊的力度。

圖 4-54

圖 4-55

三、擺擊拳

(一)左擺擊拳

由拳樁開始做左擺擊拳動作。拳由自己的左肩前開始，從左側向前成弧形路線擊出，上臂與前臂成 120°～150°角；臂與肩平，利用腿、腰、胯的發力，在出拳時，拳與前臂略向內旋，肘部微向上翻，出拳的一瞬間，肩、臂肌肉與腕關節驟然緊張，隨後放鬆恢復拳樁姿勢。（圖4-56、圖4-57）

(二)右擺擊拳

動作路線為自下朝上弧形發出。

右手擺擊拳與左手動作略同，唯在以腰、腿和胯的發

圖 4-56

圖 4-57

勁用力上動作比左手擺擊拳更明顯一些。由拳樁開始，身體重心前移，利用腳蹬地的力量，促使轉髖和上身向左側轉動，右手拳以拳鋒為先導，向前沿弧線擊出，左手在下頜處保持防守。出拳後，借前腳蹬地的作用快速將臂收回，恢復拳樁防守。（圖4-58、圖4-59）

【說明】

泰拳的擺擊拳是一種從側面攻擊的拳法。這種拳從側面擊打，身體卻少許地向相反方向移動，可以起到分散對手注意力的作用。其中有些需要注意的問題。擺擊拳法的速度比其他拳法要慢一些，而且這種拳法的路線走的較長，容易被對手發現。但因走的路線長，它的擊打力也較大，不過在出拳後注意不要失去身體重心。擺擊拳如果能在直擊拳或其他一些拳法的配合下運用，效果會更好。擺擊拳的速度雖然不是太快，但拳手如能在較隱蔽的情況下

圖4-58

圖4-59

發出，將會給對手以沉重打擊。有時也可以用做後手拳的迎擊，往往會一拳結束戰鬥。

在泰拳的各種拳法中，擺擊拳的技術要求比較高，因其動作幅度較大，拳走路線長，擊拳的勁力大，對這種拳法的技術掌握得要更嚴格、更高超。運用擺擊拳如果擊空的話，一定要控制身體的重心，恢復到防守狀態，以免遭受對手的還擊。實戰中，擺擊拳一般不輕易地出招，一旦出拳擊空，不僅浪費了體力，也很容易給對手造成進攻的機會。

如果從拳樁直接出左擺擊拳，因身體條件的限制，如不配合身體的擺動，較難發出擊打的勁力。但從搏擊的技術效果上看，出左擺擊拳不能太注重它的力量，而應考慮其出拳的速度，左擺擊拳的目的常常是分散對手的注意力，迷惑對手，擾亂對手的戰術策略，為自己的進攻創造條件。

右擺擊拳由拳樁發出，則是屬於後手的拳擊法。這種由後手發出的拳，因身體所處的位置條件利於身體和腰部的轉動，加上後腳蹬地的力量則更會增強擊拳的力量。由於是後手，在出拳時不必先做一個擺動的動作，而是直接地出拳擊向目標。右手擺擊拳運用恰當，因其攻擊力量強大，常常可以取得決定性的效果。但由於它是後手發出的，動作大，路線長，容易被對手察覺，因而一定要把握好攻擊的時機。

右擺擊拳經常和左擺擊拳在實戰中配合使用。運用左擺擊拳分散對手注意力的同時，右擺擊拳進行追擊將給對手以重擊。如果對手疏於防守或體力不支，或者處於兩手

護面的被動狀態中，右擺擊拳將大發威力，一舉擊潰對
手。

擺擊拳的練習方法：

1. 動作練習

（1）左擺擊拳
- 保持基本的拳勢；
- 利用腳蹬地的彈力；
- 轉髖、轉腰、轉體帶動臂的擺動；
- 設法使上體做少許的向左轉動；
- 每一個動作都必須隱蔽；
- 擊出的拳頭朝前沿弧線的快速擺出；
- 待拳頭完全擊出時，手腕內旋，拇指向斜下方；
- 腕關節緊張，拳頭驟緊，臂部肌肉驟然緊張；
- 擊完拳後隨即放鬆；
- 迅速恢復成拳樁姿勢。

（2）右擺擊拳
- 體會與左手動作的不同；
- 出拳前身體重心可偏在左腿上；
- 利用腳蹬踢地面的勁力；
- 促進轉髖和上體的轉動；
- 身體重心緊隨著向左前側移動，移至左腳上；
- 右拳以拳鋒為先導，向前沿弧線擺擊而出；
- 出拳時手腕、臂等與左手相同；
- 左手防守下頜。

2. 器具練習

（1）沙袋

● 左右擺擊拳擊打沙袋；（圖4-60、圖4-61）

● 由輕到重地進行；

● 動作正確、準確；

● 擊打時用力順達；

● 進行左擺擊拳和右擺擊拳配合練習；

● 結合步法擊打沙袋，以提高拳擊的準確性和力度、硬度。

（2）拳靶

● 以左右擺擊拳擊打助手所持的拳靶；（圖4-62）

● 擊打的動作要準確；

● 練習數次為一組。

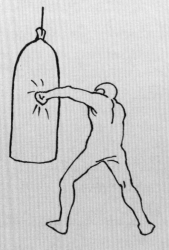

圖4-60   圖4-61

圖 4-62

3. 對打

（1）左右擺擊拳攻擊頭部

乙方用右直擊拳攻擊甲方；甲方向一側躲閃，用左擺擊拳從乙方直擊拳外側攻擊乙方頭部，也可以用右擺擊拳反擊乙方左直擊拳。（圖 4-63、圖 4-64、圖 4-65）

圖 4-63

圖 4-64

圖 4-65

　　左右擺擊拳在拳擊中被稱為左右交叉拳，用來反擊對手的直擊拳非常有效。右擺擊拳雖在還擊中經常運用，但要想熟練地掌握並不容易。右擺擊拳在還擊對手的左直擊拳時，要在對手內側做滑步，還需要右肩下沉躲閃過對手的左拳，緊接著轉身發出右手拳，從對手左臂外側還擊其面部。左擺擊拳反擊右直擊拳的情況與右擺擊拳相同，只是方向相反。

（2）右擺擊拳攻擊頭部

甲方的身體重心由腳蹬地而移位，上體與轉髖同時變化，身體重心移向左腳；右手拳以拳鋒為先導，朝向乙方目標沿弧線擺擊而出；或借助身體重心前移，加大右手的揮擺力度，以拳鋒擊中乙方。（圖4-66、圖4-67）

圖 4-66

圖 4-67

（3）左右擺擊拳連擊

甲方以左右擺擊拳攻擊乙方面部；乙方進行格擋、上架防守，甲方護住自己身體，以備乙方還擊。發出左右擺擊拳要在乙方注意力不太集中時，相互配合連續攻擊。（圖4-68、圖4-69、圖4-70）

運用左右擺擊拳法連擊對手，命中率比較高。不過在攻擊中，拳手要注意自己腿部的防守，防止對手用腿法反擊。

圖4-68

圖4-69

圖4-70

（4）直擊拳──擺擊拳

甲方以左直擊拳直取乙方頭部；乙方用右手拳迎擊甲
方；甲方控制住身體的前衝力，左直擊拳變為擺擊拳攻擊
對手頭部右側；甲方在收回左手時恢復拳樁防守。（圖
4-71、圖4-72）

圖4-71

圖 4-72

　　以左手拳做掩護，實以右手拳重擊對手，採用這種打法，要準備好出拳姿勢，可以設法使身體稍微轉動，這一動作要有隱蔽性，一旦發招，立即連續地出拳攻擊，不給對手任何餘地。

　　（5）引拳

　　甲方以右手擺擊拳攻擊乙方頭部左側。乙方欲做上抬手臂防守動作而挺身時，甲方在收手的同時，擰轉腰髖，右腿支撐穩固身體，左腿發出踢打乙方腹部。（圖 4-73、圖 4-74）

　　以右手擺擊對手，對手的阻擊動作尚未開始便已受到限制，這個空隙適合使用其他拳法攻擊對手。此時，拳手攻擊對手的左側會促使其防守左側，右側就會露出防守破綻，有利於拳手攻擊。如果配合突發性的擊打動作常會令對手措手不及。

圖 4-73

圖 4-74

四、擾視拳

左擾視拳動作

由拳椿開始做左擾視拳動作。右拳置於面部右側防護，左手握拳，由拳椿姿勢向內旋轉，拳心向下，穩固馬步，兩眼注視前方，左拳向前平伸出，肘部伸直。（圖 4-75、圖 4-76、圖 4-77）

圖 7–75

圖 7–76

圖 7–77

【說明】

　　擾視拳法可以根據拳手的不同特點分為從左手或右手發出兩種。採用擾視拳也是由拳樁直接發出，這種拳勢既可以儘快地接近對手，也可以退守防護。

　　左擾視拳應當說是從拳樁的一種變勢，嚴格地講它不是直接的攻擊拳法，而是一種拳的變勢，是拳手需要掌握的一種特殊打法。

　　擾視拳的目的是誘使對手出拳或干擾對手的視線，為其他招式的攻擊做引拳。在實戰中也可以由擾視手法直接變勢為其他拳擊方式。擾視拳可在基本的拳樁發拳時，採用直接的擊打、阻撓、格擋、揮臂砸擊等擊打方法。

　　拳手在有條件運用擾視拳進攻時，可以從遠距離或中距離的進攻中，以左手或右手動作衝破對手的防線，並與其他拳法交替使用，以擊破對手。在退守的過程中，運用左手或右手的擾視拳，不讓對手接近，使自己始終和對手保持遠距離或中距離。擾視拳作為泰拳中的一種手法，其運用層次分明，便於拳手在實戰中靈活地移動步法而不易遭受突然的襲擊。

　　在戰術的運用上，擾視拳往往遠距離地面對對手，可以主動不斷地干擾對手，使對手在防守中露出更多的空隙，拳手便可乘隙攻擊。

　　拳手要掌握擾視拳，必須能夠做熟練的馬步運足，又能夠左右馬步換勢，能夠自如地做向前或向後的姿勢，向左或向右的移動，有了這些條件，都可以用擾視拳對敵，而拳手本身則要始終保持戒備狀態。擾視拳運足之法可以使拳手在運動的同時鍛鍊其拳樁的馬步穩固能力，有利於拳手達到探足的目的。

　　擾視拳的訓練方法：

(一)動作練習

左右變勢：
- 原地徒手練習；
- 體會拳勢的發力、轉體、轉髖帶動手臂的擺旋；
- 出拳前，肩、臂肌肉放鬆；
- 手腕內旋含勁；
- 基本動作配合馬步左右變化姿勢；
- 結合步法練習發拳；

● 練習數次為一組。

(二)對打

● 與對手對練;
● 由拳樁開始做左右擾視拳的變勢運足法;
● 向左或向右移動;
● 向前或向後移動;
● 各種換步移動;
● 拳勢變招出拳攻擊助手頭部或上體;
● 進行多種攻防練習;
● 左擾視拳變勢攻擊頭部。

甲方由拳樁開始,持左手擾視拳面向乙方;乙方不動;甲方重心稍向前移至左腳上,右腳腳前掌蹬地,腳跟抬起,右腿隨即伸直,左肩前傾,左手由擾視拳勢突變為直擊拳,猛然發出衝向乙方,擊中乙方面部或頭部(圖4-78、圖4-79、圖4-80)

圖 4-78

　　拳手以擾視拳攻擊對手時，可以配合迅速的下潛動作，身體的下潛使兩肩與對手的腹部形成一條直線，這時就可以進行直接的左手變直擊拳的攻擊。攻擊之拳在接觸對手的瞬間要握緊，前臂內旋，拳心向下，右手防護右腮。也可以配合步法的靈活運轉突然地變勢攻擊，攻擊的方法不僅限於拳法，也可以使用腿法攻擊。

圖 4-79

圖 4-80

五、輔助拳法

以上這些基本拳法是泰拳比賽中比較常用的拳法，在泰拳中還有一些其他類型的攻擊性或防守性拳法，但這些拳法中的大部分不能在國際性擂臺賽中應用，只能在崇尚自由發揮的國內泰拳格鬥中使用，因而只能稱其為輔助性拳法。這類拳法中有掖拳、摔拳、拍拳、摑拳、劈拳、挑拳、穿拳、轉身擺擊拳等等。

（一）掖拳

由拳樁開始做掖拳動作。左腳內扣向前，身體重心下降，上體右轉 90°，左手拳向內經腹前向身體下方掖擊而出，左肘外展，右手置於下頜處防守，兩眼注視出拳方向。（圖 4-81、圖 4-82）

圖 4-81　　　　　　　　圖 4-82

【說明】

掖拳主要用於攻擊對手的下腹部或襠部等危險部位，在泰拳中這類打法被稱之為「拖刀技」。中國武術中也有此類打法，但是被稱為「暗手」的打法。它在進攻時隱蔽性很強，運用得當，具有較強的殺傷力。

掖拳的擊法不屬於常用拳法，但在變化多端的搏鬥中，如能在其他拳法的掩護下攻擊，會收到很好的效果。

掖拳的訓練方法：

1. 動作練習

與助手進行攻防練習。

拳手用左手勾擊拳攻擊對手面部，助手做上體後仰避閃，拳手突然上步，用左手掖拳攻擊助手腹部。（圖 4-83、圖 4-84）

掖拳的攻防練習要使出拳動作突然、準確。

圖 4-83

圖 4-84

2. 對打

（1）掭拳引擊

甲方向前進步接近乙方，突然轉身發出左手掭拳攻擊
乙方腹部；乙方快速下落兩手防護；在乙方下落手臂的同
時，甲方猛然轉身，左手變勢向上抽擊乙方面部，右手防
護。（圖 4-85、圖 4-86）

圖 4-85

圖 4-86

（2）掄拳反擊

乙方向甲方靠近，左手出拳攻擊甲方頭部；甲方看準乙方拳路，以右臂格擋乙方拳臂；乙方欲變招；甲方迅速轉身，不等乙方動作，左手變化為掄拳直擊乙方腹部，擊退乙方。（圖 4-87、圖 4-88）

圖 4-87

圖 4-88

(二)摔拳

由拳樁開始做摔拳動作。身體重心隨後腳掌蹬地移向左腿，左手同時以肘為力點，握拳由下經胸前向前上方以手背摔出，腕關節稍放鬆，兩眼注視前方。（圖4-89、圖4-90、圖4-91）

【說明】

圖 4-89

摔拳屬於一種弧線的進攻手法，它是用手背攻擊對手，擊打力量較大，速度也比較快。這種打法在泰拳中被稱之為「反彈拳」，常用於中距離或者遠距離攻擊對手的面部。

圖 4-90   圖 4-91

對打：

（1）正踹擊踢腹部

甲方向前進
步接近乙方，發
出左手摔拳攻擊
乙方面部；乙方
上抬兩手防護；
甲方看準乙方空
檔，右腿支撐，
左腿隨身體擰轉
發出正踹擊踢乙
方腹部。（圖 4-
92、圖 4-93）

圖 4-92

圖 4-93

（2）配合摔拳反擊

甲方向乙方接近，發出左彈腿攻擊；乙方俯身欲提膝格擋或防守；甲方前腳向前落步，乙方準備後退，甲方隨身體向前傾的勁力，猛然發出摔拳重擊乙方面部。（圖4-94、圖4-95）

圖 4-94

圖4-95

(三)拍拳

　　由拳樁開始做拍拳動作。身體重心向左腿移動，左手由外向內、向前劃一弧形拍擊而出，兩眼注視前方，右手防護身體。（圖4-96、圖4-97）

圖4-96

圖4-97

【說明】

拍拳是一種弧線進攻的手法。它是用手指的內側攻擊對手的面部。這種打法能夠在擊到對手時掩住其眼睛，從而為使用其他技術的進攻創造條件。它也可以用來拍擊對手的攻擊拳臂而變成一種防守的拳法。

拍拳的動作幅度可大可小，應根據出拳時的情況決定。

對打：

甲方向乙方靠近，以摔手向前攻擊；乙方被迫上抬手臂向外格擋；甲方左手腕部向外劃一圈擋開乙方的拳臂；乙方欲做動作；甲方左手動作不停，變為左手拍拳攻擊乙方面部，擊退乙方。（圖4-98、圖4-99、圖4-100）

圖4-98

圖 4-99

圖 4-100

（四）摑拳

由拳樁開始做摑拳動作。在身體重心向前移動的同時，左手成掌，由外向內拍擊而出，勁力達指掌部位，兩眼注視前方。（圖 4-101、圖 4-102）

圖 4-101　　　　　　　　圖 4-102

【說明】

　　摑拳實際上是拳掌同用的擊打手法。是由手的自外向內的拍擊，用拳和掌的勁力攻擊目標。其動作呈現由外向內的繞環，摑擊對手頭部、耳根的脆弱部位。

　　對打：

　　乙方向甲方猛然衝過去，企圖摟住甲方；甲方被困無法發出有力的拳擊，在近距離的糾纏中，甲方進入乙方的中門，兩腳踏地，促使挺身向乙方發出左右手的摑擊拳，擊中乙方面部。（圖 4-103、圖 4-104）

(五)劈拳

　　由拳樁開始做劈拳動作。上身向前下方傾斜，左手成掌，借身體的勁力向前下方弧形劈出，眼看前方，穩固拳樁馬步。（圖 4-105、圖 4-106）

圖 4-103

圖 4-104

圖 4-105

圖 4-106

【說明】

劈拳在泰拳中可以拳和掌同時進行攻擊。它的動作路線呈弧線，像刀斧一樣擊向對手，故被稱為「劈拳」。這是一種有較大殺傷力的打法，但它因動作路線長，所以在施用時成功率不高。如果在其他技術的掩護下，進攻的效果就較好。劈拳還可以進行佯攻，達到誘惑對手的目的。

對打：

甲方向乙方逼近，發出左低掃腿攻擊乙方腿部或襠部；乙方下落手臂壓擋甲方的攻擊左腿；甲方迅速落腳穩固支撐，左手防護，右手向乙方頸部劈擊而出。（圖4-107、圖4-108、圖4-109）

圖4-107

圖4-108

圖 4-109

（六）挑拳

由拳樁開始做挑拳動作。左腳配合上前一步，左手拳由下向上挑擊而出。動作以左肘為力點伸直左拳，以拇指為擊打點，右手防護，眼看前方。（圖4-110、圖4-111）

圖 4-110

圖 4-111

【說明】

挑拳是一種由下向上的挑擊對手的打法。它可以用來攻擊對手的襠部，也可以用來對付對手低頭向前俯衝或企圖抱腿摔等情況，挑擊對手面部，破壞對手的進攻。

這類打法屬於中國武術中的暗手手法，若能配合其他動作攻擊，效果會好些。一般在運用時，要適當降低重心以便於進攻。

對打：

乙方向甲方逼近並發起攻擊；甲方揮起左臂壓住乙方的拳臂，向乙方靠近；乙方欲做動作；甲方迅速收手下落於乙方的襠部，發出挑拳挑擊乙方的襠部。（圖 4–112、圖 4–113）

圖 4–112

圖 4–113

(七) 穿拳

由拳樁開始做穿拳動作。右腳上前一步，身體重心移至右腿上，右手拳迅速向前擊出，左腳再向前上一步，左手拳緊接著向前擊出，同時右手收回防守。（圖 4-114、圖 4-115、圖 4-116）

圖 4-114

圖 4-115

圖 4-116

【說明】

穿拳是直線的進攻連擊拳法。這種打法特別強調動作快速。動作特點上它比直擊拳擊得遠，而且大部分用來攻擊對手的眼睛，即使擊不中也能起到干擾對手的作用。這類打法還能配合其他技術運用。

如果直接用此拳進攻，多數要向前上步，猛力發拳沖打對手的面部和胸部。

對打：

（1）以快治慢

乙方發出左拳向甲方進攻；甲方上一步向乙方踏進，不等乙方發招擊打，先發出右手穿拳直擊乙方面側；乙方準備後閃，卻遭受到甲方左手穿拳的攻擊；甲方擊退乙方後，迅速控制身體向前的衝力，防禦乙方的反擊。（圖4-117、圖4-118、圖4-119）

圖4-117

圖 4-118

圖 4-119

（2）為腿法做引拳

甲方移動向前，發出左手穿拳攻刺乙方面部；乙方迅速上撥甲方的攻擊手臂；甲方乘乙方下身出現空檔，右腿支撐，左腿快速向前彈踢乙方襠部或腹部。（圖 4-120、圖 4-121）

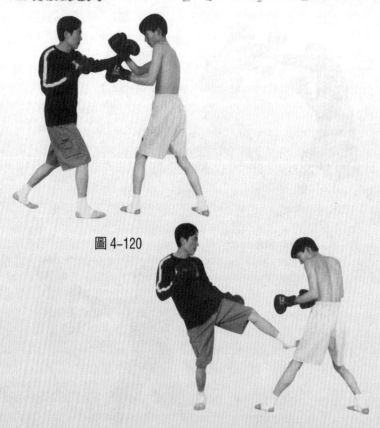

圖 4-120

圖 4-121

（八）轉身擺掌

由拳椿開始做轉身擺掌動作。身體向右後轉 180°，右腿經左腿後向後插步，身體隨插步轉動，左右手拳屈肘收於胸前，右手拳在向後轉身的同時伸肘反臂向右側橫向鞭擊而出，拳眼向上，勁力達於拳背，眼看右手拳。（圖4-122、圖 4-123、圖 4-124）

圖 4-122

圖 4-123

圖 4-124

【說明】

　　泰拳的轉身擺拳常常做出其不意的攻擊，這種拳法的攻擊力不可小視。如能在對手毫無防備的情況下出招，能猛然擊倒對手。泰拳中運用此法多在一拳擊空的情況下，借向前的身體衝力，旋身以另一拳臂反掃對手頭部和面部，勁力達於拳背或前臂，盡全力攻擊。

　　轉身擺擊雖能重擊對手，不過因其動作距離較遠，運行幅度大，並且攻擊是背向著對手的，面對老練的對手，採用這種打法很可能被化解，反而容易遭到反擊。因此，只有在出現很有把握的時機或者為了險中求勝的時候，才可以進行這種嘗試。

　　這類擺擊打法運用純熟後，還可以做下擺擊的打法，即在轉身擺拳的基礎上做向下的擺拳反擊。這種擊打方式，拳手在擊出拳後，拳臂屈貼於腰部後側，拳頭位於腰部的另一側，在預防對手反擊的前提下，可以緊接著準備下一次攻擊。

　　對打：

　　甲方向乙方移動靠近，發出左手拳佯攻乙方；乙方不知底細，向後閃身；甲方進而碾動腳掌，迅速向身後插步，待轉身已發出右手擺拳，擊中乙方面部。（圖4-125、圖4-126、圖4-127）

圖4-125

圖4-126

圖 4-127

(九) 前躍拳

由拳樁開始做前躍拳動作。身體重心降低，兩腿屈膝下蹲，兩手置於面前，右腳用力蹬地，重心提起，挺身向上，上身前沖，左手拳或右手拳向前直沖打出，拳眼向上成立拳勢，眼看前方。（圖 4-128、圖 4-129）

圖 4-128

圖 4-129

【說明】

前躍拳是泰拳中一種向前躍擊的打法，多在對手防護不太嚴密時，做突然的前躍動作，配合發拳擊倒對手。

向前躍要充分借助身體重心的變化所得到的前衝勁力，動作協調地發出向前擊打之拳。

對打：

甲方向乙方發拳攻擊；乙方後退並調整防守，以待甲方的變化；甲方看準乙方的動作，下降身體，在乙方欲作反應時，猛然挺身發出右手拳，向前配合躍步沖打乙方胸腹部。（圖4-130、圖4-131、圖4-132）

泰拳的這些花招奇技，只有在泰拳的各種基本技術都達到純熟階段才能逐步考慮。在泰拳實戰中使用這些技法的多數是那些十分老練的拳師，拳藝不高的拳手在運用這些花招時要特別注意對對方的防守，以免給對手可乘之機。

圖4-130

圖 4-131

圖 4-132

六、泰拳的連擊拳法

　　連擊拳法是一種比較複雜的技術，在西方拳擊中被稱為組合拳法。在泰拳中連擊拳的運用屬於高級技法。泰拳拳手要在搏擊中取得主動權並贏得最終勝利，很好地掌握連擊拳法就成為必不可少的內容。

　　泰拳的連擊技術建立在比較熟練的單一拳法的基礎之上，然後才能進行各種組合的攻防練習。連擊拳法會因各個拳手的不同特點，在拳招的運用上也有各自特色。運用

上，有單手拳法連擊和雙手拳法連擊之分。

(一)連擊拳法沙袋訓練

沙袋擊打訓練能夠訓練拳手的各種正確的出拳姿勢、步伐移動、反應能力、出拳距離控制、力量、速度、耐力等素質。拳手在練習前要做好各種準備活動，做好手的繃帶護理或者戴好擊打沙袋的手套，懸吊好沙袋並掌握較適宜的高度。握拳方法要正確，手腕的姿勢要保證勁力的直線傳導。進行拳法配合擊打沙袋，可分為一步兩拳、一步三拳、兩步三拳、兩步四拳、三步五拳等。

- 距沙袋適當距離站立；
- 由拳樁基本姿勢出拳；
- 每次擊完拳後保持拳樁防守姿勢；
- 進行配合步法的練習；
- 注意發揮自己的長處；
- 不間斷的訓練；
- 一直練到得心應手，打出自己的風格。

(二)1−2連擊拳和防守

泰拳的 1−2 連擊拳法，一般用左直拳或刺拳破壞對手的防護或平衡，在一瞬間做出向某一目標的攻擊，或向另一方向打出右手拳。這種拳法形式上看似兩個動作，但在運用上要作為一個連貫的拳擊動作。

在這類打法中，開始的第一拳擊的左手動作不要用勁太大，否則不利於第二次的同一手發拳，第一拳是為第二拳做準備的。第二拳要作為重擊之拳。

1. 單手直擊拳連擊

甲方發出左手直擊拳佯攻乙方頭部；乙方回收調整拳勢，發出左手拳迎擊甲方頭部；甲方下潛閃避，同時緊接著發出左手直擊拳攻擊乙方腹部。（圖4-133、圖4-134）

左手拳的直擊，也可以先從對手的腹部開始攻擊，然後還擊頭部。如果第二次出拳攻擊對手頭部，拳手要俯身屈膝向中側傾斜上身，低頭收下頜，注視對手。

圖4-133

圖4-134

2.右上勾擊拳一右平勾擊拳

甲方向乙方移動，發出右手上勾擊拳攻打其腹部；乙方以左手肘阻擋，欲制止甲方的攻勢；甲方左手成掌，拍壓乙方的左拳臂，緊跟著接連發出右手平勾擊拳攻打乙方頭部。（圖4-135、圖4-136）

右手的第一次攻擊可作為假動作迫使對手做出阻擋反應，在對手抬臂時，已經露出了防守空檔，這時可以進行猛烈的第二次攻擊。

圖4-135

圖4-136

3. 左右直擊拳連擊

甲方移動，向乙方踏步靠近，右手發出直擊拳沖打乙方面部；乙方慌忙做出防守面部的動作；甲方收回右手拳，緊接著發出左手拳直擊乙方胸部；乙方被擊而後仰身體；甲方快速向前，不給乙方反應的時間，接連發出右手拳直擊其面部。（圖 4-137、圖 4-138、圖 4-139、圖 4-140）

圖 4-137

圖 4-138

圖 4-139

圖 4-140

　　拳手運用兩手拳法的攻擊，要善於戰術運用，迫使對手做出反應，為下一重擊拳法做好準備，連擊對手。

4. 直擊拳—勾擊拳—擺擊拳

　　甲方左手和右手連續發出直擊拳攻打乙方頭部，左手拳稍輕，右手拳重擊；乙方被擊而顯得手忙腳亂；甲方進步逼近乙方，不讓乙方喘息，在乙方頭部被擊而向一側偏時，以右手勾擊拳接連勾打乙方下頜，兩腳跟進，在乙方被攻擊而縮身時，發出擺擊拳擊打其頭側。（圖 4-141、圖 4-142、圖 4-143、圖 4-144）

圖 141

圖 4-142

圖 4-143

圖 4-144

5. 左上勾擊拳—右直擊拳

甲方向乙方移步，發出左手上勾擊拳攻擊其腹部；乙方遭到攻擊而俯身低頭；甲方迅速以右手直擊拳攻打乙方面部或頭部，同時防護乙方可能做出的反應。（圖 4–145、圖 4–146）

拳手在運用左上勾擊拳時，可隨出拳向前移動一步，屈膝下蹲，借用右腿的蹬地之力，擰轉腰髖發出左手拳。右手動作要隨對手的變化，隨時準備快速追擊。

圖 4–145

圖 4–146

6. 右上勾擊拳—右平勾擊拳—左直擊拳 —左擺擊拳

甲方上前一步靠近乙方，發出右手勾擊拳上擊乙方腹部或胸部；乙方被擊而身體搖晃；甲方緊接著右手變平勾擊拳攻擊乙方頭部；乙方欲做反擊；甲方攻勢不停，斜進一步，左手緊跟著發出直擊拳攻擊乙方腹部，右手防護；左手收回的同時，右手再以擺擊拳攻擊乙方腹部。（圖4–147、圖4–148、圖4–149、圖4–150）

圖 4–147

圖 4–148

圖 4-149

圖 4-150

　　拳手在以直擊拳攻擊時，要求右手保護下頜；擊出右手擺擊拳時，要求左手防護左側下頜。在出拳過程中，頭部儘量保持不要超過前腿膝蓋與地面的垂直線，否則就會使得上身前探，對身體重心的穩定沒有好處。

7. 右下擺擊拳－左下擺擊拳－右上擺擊拳

　　甲方向前滑步接近乙方，突然發出右手擺擊拳攻擊乙方腹部；乙方被突然襲擊而準備閃身；甲方右手隨兩腳的變化收回，緊接著發出左手擺擊拳攻擊乙方腹部，兩腳步法變勢，接著發出右手擺擊拳攻擊乙方頭部，擊倒乙方。

（圖 4–151、圖 4–152、圖 4–153）

　　從較遠的地方發起擺擊拳法的連擊，要採取快速的側移步法以儘快地接近對手，不給對手還擊的機會。每次出拳時拳手都需做到手、眼的緊密配合，動作發動快速有力。

圖 4–151

圖 4–152

圖 4–153

8. 回環拳擊法

回環拳擊是泰拳拳藝中的高級戰術打法，也是泰拳拳法的精妙組合技術。

進行回環拳擊時先以右手拳佯攻，實際上卻是用左手拳主擊對手，然後左手拳再做佯攻，緊接著右手拳實擊。這種虛虛實實的打法常會令對手措手不及，摸不著頭腦。即使對手發現了這種招法的奧秘，拳手又會馬上進行其他拳法招數的配合進攻，使對手找不到對抗的路數，從而陷入被動局面。

9. 混合拳擊法

混合拳擊的技巧是以幾個不同的拳招相互配合的高級打法。其打法和回環拳法不同的是，它在攻擊中直接地將幾種拳招用於進攻對手，實行混合攻擊。不過，泰拳的混合攻擊方法需要拳手具備堅實的基本功，才能有效地實施這種攻擊。

第二節　泰拳肘法

肘法是泰拳中四大技術方法中的一種主要技法。肘法就是以肘為主的攻擊方法。肘法在實戰運用中常常會給對手造成沉重的打擊。一般來看，肘法的技術在實戰中也是比較難以防範的。

泰拳拳師中精於肘擊法的人很多，其中有被稱為「獨野牛」的 20 世紀 30 年代的拳師乃蓬，他精通多種肘擊方

法，運用起來得心應手，詭譎無常。有「涅槃之槍」威名
的力喃隆更是兇猛異常。還有同一時期獲得「雙肘主將」
之譽的速柿拳師，以及有「逼肘虎」之諢號的巴越等等。

　　拳手準備以基本的攻擊動作接近對手時，施用肘擊技
術可以更好地靠近並進攻對手。在此過程中，手肘與腳步
的密切協調配合能夠使拳手有效地避開對手的攻擊，充分
地發揮出自己的手法和肘擊技術。站立姿勢和步法的移動
是運用肘擊時最有效的保證，同時在發肘招過程中身體平
衡的控制也極為重要，具有良好的平衡能力的拳手在實戰
中比較容易阻攔和撥開對手的拳臂，而且能在被對手的拳
臂擊中時用肘力減弱擊打的力度。在進攻中控制好自身的
平衡非常重要，可以幫助拳手及時發現對手的空檔，使自
己發出的肘擊更有力量。

　　泰拳講究在移動中進行肘法攻擊。拳手要能夠在移動
中使腳跟輕輕觸地，自然放鬆身體的關節和肌肉。做腳跟
放鬆的動作要從腳一直到臀部和腰部，有助於揮臂發肘。
在攻擊時，不宜採用彎腰和下蹲的動作，因為做這些動作
拳手容易感到疲乏，除非在處於劣勢而萬不得已的情況
下，下潛發肘撞刺對手而自救。拳手還要善於把握搏擊的
節奏感，有助於發現進攻的空檔，或者使自己可以短時間
放鬆一下緊繃的關節和肌肉，而短暫的放鬆可以緩解拳手
的緊張情緒，較從容地發揮技術水準。善於把握節奏也是
對肌肉的一種控制。運動特有的肌肉控制和拳手瞬間做出
是移動還是靜止的選擇的能力是拳手所必須具備的。做到
這一點，拳手才能在一瞬間變防守為進攻或者變攻擊為防
守。需要依靠肘擊為自己解困時，兩手要放在身體兩側，

兩臂與兩肋接觸，這樣有助於臂部的快速伸出或收回。

泰拳的技術不是讓拳手隨時想著如何一下子將對手擊倒，它要求拳手學會儘量放鬆自己，在自然的攻防中不知不覺擊敗對手，而又使自己的防守堅不可摧。

泰拳的基本肘法分為六種：逼肘（直擊肘）、平肘（橫擊肘）、砸肘（下擊肘）、蓋肘（上擊肘）、反肘、雙肘。除此之外，一些拳師還練就一些奇異招式，泰拳中稱它們為「花招肘擊」。

肘擊法在保持基本技術特點的基礎上，可以根據拳手的個性打法做一些戰術或者打擊方式的變化。拳手可以根據具體情況，發出長距離的衝刺或者短距離的逼擊。實戰中拳手不僅要考慮更好地使用肘法攻擊對手，還要注意學會有效防守，做到能攻善守。擁有了高度的防守技巧，才能給拳手的兇猛攻擊提供堅實的保障。

發肘攻擊的瞬間，拳手要能夠把握速度和身體姿勢以及身體肌肉和反應的變化，在出肘攻擊前，軀體的大部分肌肉放鬆，突然地繃緊肌肉，並配合腰身的擰轉和腳的蹬地的勁力。出肘前一般都要求用假動作破壞對手的防守，吸引其注意力，便於發肘時有出其不意的效果。要使自己的動作有較強的隱蔽性，不讓對手從自己的拳樁姿勢上識破我方的真正攻擊意圖。

一、逼擊肘

1. 左臂擊肘

由拳樁開始做左逼擊肘動作。兩腳穩固馬步，身體重

心向前移至左腿上，右腿向前蹬送，左臂屈肘成 90°，隨身體重心前移的同時，由腰側向前直擊刺出，勁力達於肘尖，右手防護，眼看前方。（圖 4-154、圖 4-155、圖 4-156）

圖 4-154

圖 4-155

圖 4-156

2.右逼擊肘

由拳樁開始做右逼擊肘動作。右腿向前蹬地，身體重心前移的同時，右手屈肘成 90°，隨右腳的蹬地向前直刺而出，勁力達肘前尖，左手防護，眼看前方。（圖 4–157、圖 4–158、圖 4–159）

【說明】

泰拳的逼肘擊法，根據其攻擊的路線又叫直擊肘、正擊肘。這種肘法多用在近戰中，運用此種肘法突入內圍，攻擊對手的面部或頭部。另一種情況是用肘向前阻擊對手的攻擊。逼肘總體上是一種較細膩的肘擊招法。

圖 4–157

圖 4–158

圖 4–159

逼肘可用以破解對手的腿法和膝撞。當對手以腿膝攻擊時，拳手可以一手屈肘防護，另一手屈肘擰身逼擊，以肘尖直撞對手的攻擊腿小腿脛部或者足背部。如果對手以膝攻，拳手則以肘劈刺對手的腿股部肌肉，運用得當，可以破解對手的腿膝攻擊力，使對手無所適從。

泰拳中不僅可以原地發出肘擊，也可以在移步向前衝出時發動肘擊，拳手在訓練中要掌握移步發肘攻擊的技巧。在實戰中，突然地面對對手發出一記逼肘攻擊，會令對手防不勝防，能夠破壞對手的平衡，擾亂對手的陣腳，模糊其攻擊的視線。

如果拳手突然發出逼肘攻擊，對手將不得不做出防禦動作。當對手正忙於如何防守時，他會露出一些防守上的破綻，從而給我方形成攻擊的空隙，拳手應抓住機會及時進行攻擊。

當雙方處於較遠距離時，拳手可以抓住時機，運用向前的靈活步伐，主動地以肘法發動突然襲擊。有經驗的拳手還可以採用左右手逼肘準確、連續不斷地擊打對手。由拳樁發出的遠距離的逼肘攻擊，在出招前將身體重心落在一腳上，另一腳蹬踏地面，使身體衝向對手，身體增加前移的速度，突然向前伸臂，屈肘直擊對手的頭部和面部。擊中目標時，身體可以迅速擰轉，以增加肘刺的力量。

近距離的逼肘攻擊可在拳法的配合下在近戰中使用。發肘前，拳臂彎曲，以利於身體的擰轉。近距離逼肘攻擊由於擊打路線較短，對手不容易防護。

運用逼肘上抬時，恰好在對手的攻擊狀態下，可以兩手握拳屈肘緊護頭部，上身做左右的旋動以招架對手的攻

擊，逐步消解對手的攻勢，運肘迎擊，贏得短暫的喘息機
會，準備進行反擊。

逼擊肘法的練習方法：

1. 動作練習

- 進行動作的空擊練習；
- 左右手逼肘交換動作；
- 以拳樁基本姿勢假想空擊；
- 體會動作的正確性和準確性；
- 單招熟練後進行左右手的連擊訓練；
- 配合步法向前進步發肘動作練習；
- 空擊時要有防守的意識。

2. 器具練習

（1）沙袋

- 原地向沙袋進行擊撞練習；
- 左右手逼肘交換動作練習；（圖 4–160、圖 4–161）
- 發出左肘時右手防護；
- 發出右肘時左手防護；
- 每一次的肘擊動作均由腰側發力撞出；
- 注意勁力的接觸點；
- 進行反覆練習。

3. 對打

（1）逼肘攻擊頭部

甲方以逼肘攻擊乙方，先用假動作吸引乙方的注意和

圖 4-160　　　　　　　　　　圖 4-161

動作變化，破壞其對頭部的保護，為出肘攻擊創造戰機；
乙方兩手稍下落防守；甲方緊跟著移動，左手隨著兩腳的
動作猛力向乙方發出逼肘攻擊其面部，待乙方被擊後退
時，恢復防守。（圖 4-162、圖 4-163）

圖 4-162　　　　　　　　　　圖 4-163

以左手逼肘攻擊時，先以左手的刺拳或直擊拳吸引對手的視線，為隨後的肘擊開路。在短兵相接的搏鬥中，左手的肘擊是很有效的。

（2）逼肘攻擊上身

甲方以右手發起攻擊，引誘乙方做出反應；乙方兩手下落阻擋甲方的攻擊手臂；甲方緊縮上身防禦乙方的還擊，左腳向前上步，接近乙方一側，左手防護，右手由拳椿姿勢化為屈肘，直向乙方上身擊撞而出。（圖4-164、圖4-165）

向左勢在前的對手攻擊時，要求近距離的發招攻擊對手上身。當對手防護不太嚴密時，可以直接發起攻擊。但

圖4-164

圖4-165

是在任何情況下的發招，都要保持身體出招短促緊縮的狀態，以使自己能夠抗擊對手的攻打。

（3）逼肘變招攻擊

乙方突然向甲方進步並出拳攻擊；甲方不知虛實，後退一步防守，以進一步觀察乙方的變化；不等乙方收手，穩固支撐，右手屈肘向乙方逼肘轉化為挑擊乙方面部，擊退乙方。（圖4-166、圖4-167）

泰拳的逼肘變為向上的挑擊形式，在泰拳中被稱為「挑肘」。主要用於突破對手的攻勢後做挺身反擊。這種打法可以直接以屈肘向對手的面門或下頜挑擊。勁力達肘尖部位。

圖4-166

圖4-167

圖 4-168　　　　　　　　圖 4-169

（4）逼肘反擊腿攻

甲方與乙方處於糾纏中，乙方發腿攻擊；甲方直接以左手或右手屈肘屈臂直擊乙方的攻擊腿部的肌肉，擊痛乙方。（圖 4-168）

（5）逼肘反擊膝攻

左手的逼肘直擊膝攻招式。（圖 4-169）

二、擺肘

（一）左擺肘

由拳樁開始做左擺肘動作。身體重心隨著右腳的蹬地勁力移到左腿上，左手臂屈肘，上抬高與肩平，拳眼向內，肩、腰向右猛然擰轉，左肘由左向右擊出，右拳握緊，眼看前方。（圖 4-170、圖 4-171）

圖 4-170

圖 4-171

(二)右擺肘

右腳蹬地，身體重心向左腿上移，右臂屈肘，拳眼向內，上抬高與肩平，肩、腰向右猛擰，右手肘由右向左橫擊而出，左拳握緊，屈肘，左手防護，眼看前方。（圖 4-172）

圖 4-172

【說明】

擺肘技法在泰拳中又叫平肘、橫擊肘。它是一種呈弧線形揮砍擊出的招法，運用較好的拳手，可以水平線成平行的橫擊擺法，可以從多個角度攻擊對手，在垂直線180°內可做任何角度的出擊。這種呈多角度的肘擊

有斜上擊或斜下砍的分別，泰拳中統稱為「斜擊肘」，屬於擺擊肘法的變化招式。

在泰拳中還有一種後續肘擊法，也是橫擊擺肘的變化招式之一。這種擊法一般是拳手的拳招已然用盡，苦苦得不到期望的勝利時使用，此時，拳手緊接著順勢屈臂成肘向前擊出，由拳擊化為肘擊的突擊。

擺肘攻擊時，它在動作上呈現一個弧線，看起來動作較大一些。採用這類招法，要注意它出招的隱蔽性，抓住時機突然襲擊。橫擊對手的肘擊法運用恰當，會給對手以較大威脅，尤其是採用右手的肘擊，會產生重擊對手的結果，甚至會因一招重擊而結束戰鬥。

擺肘在實戰中可以依據情況變化，發出左右肘的連擊，以反擊對手的攻勢。不過平日訓練一定要格外嚴格，真正掌握正確的肘擊動作，只有達到爐火純青的地步，才有可能發揮出肘擊的威力。

運用擺肘攻擊對手時，要在基本的拳樁上儘量利用腳的蹬地作用，轉髖擰腰、轉體帶動臂的擺動。為了有效地完成動作，在發出左手或右手的肘擊動作時，臂部要適度彎曲並稍微後移，這會使對手不知所措，然後向前快速發招，可以增加出肘揮臂的擺動，增強出肘的力度。

右手肘發招前身體重心在右腿上，出肘時利用腳蹬地的力量，促使轉髖和上身向右轉動，身體重心隨之向左側移動，右肘以肘尖為先導，向著目標沿弧線猛然擊出。也可以借助身體的向前移動加大肘的揮擺速度，快速向前擊出。右手肘擊出時，左手保持在下頜處，做好防護動作，並為下一個攻擊動作做準備。

擺肘的練習方法：

1.動作練習

● 以拳樁姿勢原地徒手動作練習；
● 體會動作要領；
● 瞭解如何利用轉腰、轉髖、帶動手臂向前擺動；
● 先做較慢的動作練習；
● 掌握發肘的正確路線；
● 比較左右手肘發出時的感覺；
● 在掌握基本技術的基礎上增加練習難度；配合步法練習。

2.器具練習

（1）沙袋
● 掌握了基本動作技術後方可進行擊打沙袋練習；
● 左右手肘交換進行；（圖4-173、圖4-174、圖4-175）
● 分別從上、平、下的角度攻擊沙袋；
● 擊打動作正確、有力；
● 逐步提高出肘的攻擊力量；

圖4-173

圖 4-174   圖 4-175

- 配合步法向前進步攻擊沙袋；
- 左右手肘輪流不停地反覆練習；
- 頭隨發肘動作自然擺動。

3. 對打

（1）擺肘攻擊腹部

乙方用左手拳向甲方移動並發動攻擊；甲方看準乙方的攻勢，向右閃避乙方攻擊的拳臂；乙方變化右手拳攻擊甲方的頭部；甲方迅速下蹲，不等乙方動作，左腳向前上步，右手緊跟著屈肘，向前猛力擺刺乙方腹部。（圖 4-176、圖 4-177、圖 4-178）

避開對手的攻擊，用肘法突入對手的中門進行突然的攻打，會使正在進攻的對手根本來不及做出防守反應。

圖 4-176

圖 4-177

圖 4-178

（２）擺肘反擊

　　甲方觀察乙方的反應；乙方突然起腿踢擊甲方腰腹部；甲方迅速向一側移動，閃躲乙方的腿擊勁力，向前以右手撥開乙方的攻擊腿，緊接著右手變勢，向乙方發出擺肘攻擊。（圖 4-179、圖 4-180）

　　面對對手的腿擊，拳手在撥開其腿腳時動作要快、重，進步迅速，發肘攻打要兇狠，不給對手喘息的機會。

圖 4-179

圖 4-180

（3）直擊拳——掘肘

甲方在向乙方移動中發出右手直擊拳攻擊；乙方被迫上抬手臂格擋；甲方趁乙方上抬手臂的同時，進到乙方身體前，右手由攻變防，左手快速屈肘向乙方切入，斜擊刺乙方胸部或下頜。（圖4-181、圖4-182）

以肘斜入攻擊，要注意對手的反應，必須選擇適合的時機發招。

圖4-181

圖4-182

三、砸　肘

（一）左砸肘

由拳樁開始做左砸肘動作。身體重心上提，兩腳穩固身勢，左手提臂屈肘，肩由鬆而緊，從上向下砸刺而出，略降身體重心擊出左手肘，眼看肘擊前方。（圖 4–183、圖 4–184、圖 4–185）

圖 4–183

圖 4–184

圖 4–185

(二)右砸肘

由拳樁開始做右砸肘動作。身體重心上提，兩腳蹬地穩固身勢，右手提臂屈肘，肩由鬆而緊，從上向下砸剌而出，身體隨肘的擊出向下落勢以降低重心，左手防護，眼看前方。（圖4-186、圖4-187）

圖4-186

圖4-187

(三)騰身砸肘

由拳樁開始做騰身砸肘動作。右腳蹬踏地面，左手提臂屈肘，肩膀由鬆而緊，隨身體重心的向前，兩腳騰空向前迅速從上向下發出左手砸肘（圖4-188、圖4-189、圖4-190）；右手騰身砸肘（圖4-191），眼看肘擊方向，落式後快速恢復防守。

圖 4-188

圖 4-189

圖 4-190

圖 4-191

【說明】

　　抬拳的砸肘技法又名剁肘或下擊肘，是以肘尖向下直線砸擊的肘擊法。這種肘法的攻擊力度較大，屬於肘擊中

的險招，它也是泰拳的原始招數。

泰拳在左右砸肘基本技術的基礎上，還發展起來一種橫下砸肘或者叫橫下擊肘的技術。它是在直下擊肘的動作基礎上做擰身蓄勁發出肘招。所不同的是，如果發出的是左手，右手則轉到身體的另一邊，發右手時，左手轉到身體的另一側，出肘做猛烈的下砸擊。

一般情況運用砸肘時，因肘的方向勁力是向下的，必須以身體的下壓增加勁力，動作起落一氣呵成，才可以發揮出下擊肘的威力。

砸肘擊法屬於泰拳中的一種險招打法，現今的擂臺賽上已經很少見到這種打法。它的攻擊威力較大，但在發肘攻擊時，拳手容易暴露出身體中門的空檔，會給對手以可乘之機，所以在攻擊出招時一定要格外慎重。

砸肘擊法在實戰中可以遠距離發招，也可以近距離短擊，發肘時收臂屈成一定的角度，當對手的防守出現空檔或者其擊打落空時，都可以直接地發肘砸擊對手的頭部或頸部等目標。

如果對手以上身前傾處於一種俯身的低勢時，左右手的砸肘攻擊是較好的時機。

實戰中，可以以任何一手發肘攻擊，另一手做出防護，或者結合防守配合攻擊。如果對手以直立姿勢站立時，採用砸肘攻擊不太有效，因為砸肘的攻擊路線較短，會遭到對手的迎擊或反擊。

騰身砸肘可做遠距離的攻擊，由於其威力巨大，即使對手有一定的防守經驗，也會被這種十分兇狠的攻擊破壞而招致重擊。但這類打法過於兇狠和危險，現今的拳手們

很少用它。

砸肘的練習方法：

1. 動作練習

- 練習基本的左右手砸肘空擊動作；
- 體會動作的正確性和準確性；
- 掌握發肘的勁力和斜砸肘的動作方法；
- 把握動作的連貫流暢；
- 學會出肘時的身體重心控制；
- 認真思索動作的路線、動作步驟、用勁部位；
- 把握揮肘擊出的角度；
- 善用精神和肉體的配合；
- 最終使得動作簡捷、高效地發揮；
- 用心發揮，憑直覺發肘。

2. 器具練習

（1）沙袋

- 先以單手砸肘攻擊沙袋；
- 再以兩手肘交換進行練習；（圖 4-192、圖 4-193）
- 由上向下地垂直用勁和斜垂用勁地擊撞沙袋；
- 出擊的動作要有沉肩、墜肘、沉氣的意念，勁力渾厚；
- 把握肘擊的角度、距離；
- 變化方向進行肘擊。

在肘擊沙袋時，要掌握好沙袋懸掛的高度，便於做各

圖 4-192　　　　　　　　　圖 4-193

種角度的攻擊練習。肘擊動作中要分清楚是在擊打沙袋還
是在推沙袋。訓練中要注意出肘的距離、時機、角度，須
將沙袋作為敵手來面對，快速提高拳手的攻擊能力。

3. 對打

（1）砸肘攻擊

乙方發動攻擊，出拳擊打甲方頭部；甲方以下潛動作
閃過乙方的拳臂，趁乙方收手時發出右手拳還擊乙方頭
部；乙方隨之俯身躲避；甲方找準時機，不等乙方動作，
緊接著發出左肘下砸乙方頭頸步，右手收回防護。（圖
4-194、圖 4-195、圖 4-196）

乙砸肘攻擊俯身的對手，可以直接發招，要把握攻擊
動作的準確性，以免對手逃脫。發肘攻擊是要求一手肘擊
出，另一手進行防守。

圖 4-194

圖 4-195

圖 4-196

（2）擺肘—砸肘

甲方和乙方處於近距離的糾纏中，甲方以左手擺肘逼擊乙方面側；乙方被迫上抬手臂阻擋並打算後退；甲方動作不停，調整身勢，向前猛力發出右手砸肘下擊乙方面門或頸部。（圖4-197、圖4-198）

近距離發動肘擊時，如果是左右手的連擊，先以一手攻擊對手，讓對手在一側的防守中露出破綻，再以另一手進行更加有力的攻擊。所以在攻擊中，拳手可以採取左手輕擊、左虛右實、左慢右快的戰術。進攻對方的左側，對方的右側就會在防守上顯得薄弱；進攻對手右側，對手的左側防守就會顯得薄弱，這就為我方的攻擊提供了較大的選擇空間。

圖4-197

圖4-198

（3）騰身砸肘

乙方在移動中向甲方進攻，右手出拳擊打甲方頭部；甲方左手屈臂格擋乙方的拳臂，使得乙方擊空；乙方收手準備再動；甲方快速地移位，向乙方靠近，兩腳蹬踏地面，向乙方騰身沖起，右手上提，猛力下砸乙方頭部或頸側。（圖4-199、圖4-200、圖4-201）

圖4-199

圖4-200　　　　　　圖4-201

格開對手的攻擊,準備發動騰身攻擊,要兇猛地向著對手躍起沖過去。這種打法一般都是不給自己留餘地的攻擊法。

四、蓋肘

(一)左蓋肘

由拳椿開始做左蓋肘動作。右腳蹬地,左腿支撐穩固,身體重心移至左腿上,左手屈肘,利用身體的前衝勁力,向前方由下向上擊出,勁力達於肘鋒,擊出左手掌朝向左耳側,眼看前方,右手防護。（圖4-202、圖4-203）

圖 4-202

圖 4-203

（二）右蓋肘

由拳樁開始做右蓋肘動作。右腳蹬地，左腿支撐穩固，身體重心移至左腿上，右手屈肘，利用身體的前衝勁力，向前方由下向上擊出，勁力達於肘鋒，擊出右手掌朝向右耳側，眼看前方，左手防護。（圖4-204）

圖4-204

【說明】

蓋肘是泰拳中一種由下向上撞刺而出的打法。它的打法動作好似戴冠，所以又名「戴冠肘」。蓋肘比其他肘擊法運用的要多一些，可以用來直接攻擊或防禦對手的腿腳，也可以用來阻擋對手的拳腳。

蓋肘和直擊肘的出招有些相似，不同之處在於蓋肘是從下向上挑擊的路線，動作簡單、直接、迅速、有效。特別是對付向前衝過來的對手，可用蓋肘阻擋對手的攻勢，破壞對手的平衡，擾亂對手的陣腳，為其他攻擊方法的展開開路。

在遠距離或中距離的攻擊中，拳手可以直接向對手前進猛衝，發出蓋肘挑擊對手的面部或腹部。近距離的糾纏中，可以配合其他拳法或肘擊法交替攻擊對手。

拳手用左手發起攻擊，對手不得不做出防守，此時，拳手抓住對手的防守破綻，以拳法或肘法攻擊。進攻中要

注意對手會不會迎擊，一旦對手做出迎擊動作，要迅速地調整身勢，儘量避開對手的迎擊。

在移動時發出肘法挑擊對手，也是泰拳的致命招數，但在實戰中要慎用。遠距離發肘攻擊前，要讓右腳蹬踏地面，在身體變勢時，向對手猛衝過去，突發前手揮肘挑擊，以增加攻擊的速度。

如果以右手蓋肘挑擊對手，需要尋找恰當的時機，才能較好地運用右肘攻擊，為了能順利地擊中對手，可以先以左手做伴攻，創造攻擊機會。

每一次連擊之後，應保持拳樁姿勢的防護，或者及時地移動。如果站著不動，將是很危險的做法。迅速地恢復防守狀態，使得對手無法乘機反擊我方。

蓋肘的訓練同前邊介紹的其他肘法的訓練基本相同，在掌握基本的肘法技術後進行沙袋、拳靶的擊打練習，以提高擊打的準確性。詳細練習方法這裏不再細述。

對打：

（1）蓋肘攻擊下頜

乙方突然向甲方發動攻擊。乙方向甲方移步並發出右手直擊拳；甲方閃過一側，右手防護，左手屈臂格擋；不等乙方收手，甲方快速換步，左腳踏入乙方中門，左手不變，右手揮肘向上挑擊乙方下頜或面門。（圖 4-205、圖 4-206、圖 4-207）

實戰中要準確地進行格擋，為進行下一個攻擊動作做準備。一旦發動進攻，動作要直接、快速，不等對手做出必要反應攻擊已經結束。

圖 4-205

圖 4-206

圖 4-207

（2）蓋肘反擊

乙方向甲方靠近，發出左手重拳擊打；甲方看準乙方拳勢，移步下潛閃躲，待乙方拳勢已過，不等乙方改變動作，甲方穿過乙方右手，挺身發出左手蓋肘挑擊乙方面門或頭頸部，右手防護。（圖 4-208、圖 4-209）

插入對手的防護圈進行肘法的反擊，時機一定要把握得準確，出肘攻擊也要準確，不給對手留下反擊餘地。

圖 4-208

圖 4-209

（3）蓋肘挑擊手臂

　　甲方稍移動，以待乙方的反應；乙方發出左手拳攻擊甲方的頭部；甲方迎步閃身，躲避乙方的拳臂；緊接著擰轉身勢向乙方靠近，不等乙方變化，左手收回，屈肘猛力挑擊乙方的攻擊拳臂，振痛乙方。（圖4-210、圖4-211）

　　在這種反擊過程中，拳手要在右手收回的同時抓住對手的左手腕，左手驟然猛擊對手臂部，擊退對手。

（4）蓋肘—砸肘—蓋肘

　　甲方閃向乙方一側；乙方上步逼近甲方，發出左手拳攻擊；甲方看準乙方的拳勢，右臂彎曲格擋，左手突然發出蓋肘上挑乙方頭頸部；乙方被擊而後閃；甲方攻勢不

圖4-210

圖4-211

停，趁乙方後閃，左手肘變勢向乙方胸部下砸刺；乙方被
肘擊而俯身；甲方緊接著發出蓋肘連擊乙方面門，擊潰乙
方。（圖4-212、圖4-213、圖4-214）

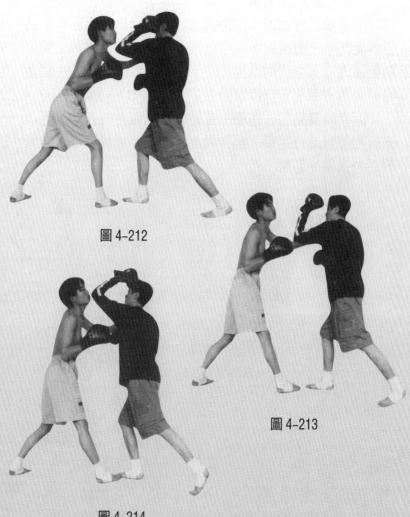

圖4-212

圖4-213

圖4-214

　　肘法的連擊，要在抓住攻擊的空檔後，不失時機地連續攻擊，不讓對手有任何喘息的機會。這類打法稍微複雜一些，在運用時一定要靈活機動。

　　（5）蓋肘—擺肘

　　甲方向乙方靠近，在衝向乙方時，發出左手蓋肘上挑乙方面門；乙方後退，兩手防護面門；甲方緊接著上前，前腳逼入乙方中門的空檔，左手迅速回收防護，右手猛然屈肘向乙方頭部一側橫擊過去。（圖4–215、圖4–216）

　　近戰時發動肘法連擊，會給對手以沉重的打擊。運用蓋肘和擺肘進行連擊，動作要連貫快速，並隨時注意防備對手的還擊或迎擊。

圖4–215

圖4–216

五、反肘

由拳樁開始做反肘動作。身體由右向左轉，如果先發左手反肘，轉身換步，以左手肘擊打而出（圖 4-217、圖 4-218、圖 4-219）；發出右手肘動作，轉身擰腰，以腰馬的勁力發出右手反肘（圖 4-220）。動作要快速地完成，眼看擊出的方向。

圖 4-217

圖 4-218

圖 4-219

圖 4-220

【說明】

泰拳的反肘擊法是拳師們的常用招數，屬於泰拳的名招。運用得法，會給對手以致命的打擊。

反肘主要有兩種攻擊方法：一種屬於普通的反肘攻擊，另一種是以屈臂發出直角的反肘擊法。普通的反肘擊法在拳樁的基礎上，可向前跨進一步，以一隻腳為支撐點，突然急轉身，發出一手的反肘攻擊，撞刺對手的頭部和面門。攻擊的動作則是屈肘揮臂直接攻擊對手。直角反肘攻擊動作幅度較難把握，它是在發動肘擊時以拳臂提於耳側，向身後方向做由高向下的劈砍，這種角度運用得當，攻擊力度極強。

反肘攻擊對手因動作難度較大，容易被對手發現，所以在運用時一定要提高動作的隱蔽性、突然性，把握好出肘的機會。這種肘法一旦擊中對手，會給對手以沉重打擊，有時甚至因為一記重擊便結束了戰鬥。

發肘攻擊要在保持拳樁的基礎上，能夠利用腳蹬地、轉髖、擰腰、轉體帶動臂肘的擺動。必須注意身體的擰轉帶來的一系列微妙變化，提高出肘的效果。

無論是用左手反肘還是右手反肘，在與對手對峙時都不能輕易地發招，多是先運用拳法，使對手在遭到連續打擊或者放鬆警惕，或者已經體力不支的情況下，突然地發出反肘，給對手以致命的重擊。準確擊中對手的肘招，必須在瞬間旋身一氣呵成，此時一定要注意身體的平衡穩定問題。

對打：

（1）左右手反肘

搏擊中，乙方糾纏並抱住甲方；甲方突然轉身，右手

圖 4-221　　　　　　　　　　圖 4-222

向後發出反肘攻擊乙方頸部或下頜；乙方因被肘擊而向一側閃身；甲方緊接著以左手向後屈肘反擊乙方頭頸部，擊退乙方。（圖 4-221、圖 4-222）

　　乘對手尚未抱緊身體時發動肘擊。動作要突然，轉身要快，反肘擊打要準確。如果攻擊動作較慢，可能會擊空或被對手逃掉。

　　（2）直擊拳—反肘

　　甲方向前跨出一步，以右手直擊拳擊打乙方頭部；乙方迅速向下俯身躲閃；甲方調整身勢，右手由拳變揮肘向後反刺乙方頸後部，擊中乙方。（圖 4-223、圖 4-224）

　　出拳擊空後，要迅速地改變攻擊手段，靈活地配合身法再次攻擊對手，並能夠在擊空時控制好身體的平衡。如果反擊動作稍慢，對手就會閃開。對手在下閃時，也較適合運用肘法進行攻擊。

圖 4-223

圖 4-224

（3）反肘攻擊

　　甲方後退的同時，乙方迅速跟進準備發動進攻；甲方
看準機會，猛然挺身穩固雙腳，快速轉身，發出右手反肘
攻擊乙方面門或頭頸部，同時防備乙方的反擊。（圖4-
225、圖4-226）

　　直接地反肘擊打從後面跟上來的對手，注意控制身
勢，以及對距離、時機的把握。如果未能掌握恰當的攻擊
間隙，有可能因對手的變化而使攻擊落空。

（4）直角反肘攻擊

　　乙方向甲方逼近；甲方向一側閃身躲避乙方的逼迫；
乙方繼續向前發出右手拳攻打甲方頭部；甲方快速移動，

圖 4-225

圖 4-226

切入乙方一側，不等乙方收手，左手屈肘，由前向後直角
反肘擊打乙方面門或頸部。（圖 4-227、圖 4-228）

圖 4-227

圖 4-228

切入對手中門，需要快速地發動攻擊，否則極易被對手還擊。不過，一旦攻擊得手，會狠狠地重擊對手。直角的向後反肘撞刺的攻擊力是非常強大的。

（5）反肘躍擊

乙方疾步向前攻打甲方面門或頭部；甲方快速地躲避，急換步繞到乙方一側，不等乙方作出反應，兩腳踏地躍起，旋身發出左手反肘撞刺乙方頭部或頸部，擊倒乙方。（圖4-229、圖4-230）

踏地騰身發肘躍擊，都是泰拳中致命的招數，在正式比賽中禁用此種打法，而在自由搏擊中或遇到危險情況時發出這樣的招數攻擊，常常會一招擊破敵手。騰身反肘躍擊時，即使對手保持著良好的防守，也會因攻擊力太強而被破壞自身防守，遭到重擊。

圖 4-229

圖 4-230

六、雙擊肘

由拳樁開始做雙擊肘動作。左腿支撐，右腳蹬地，身體重心移向左腿，兩手屈肘同時上舉，隨身體重心的前移由上而下地齊擊而出，勁力達於兩臂肘鋒，眼看前方。（圖 4-231、圖 4-232）

【說明】

泰拳的雙擊肘法是歷代泰拳拳師所擅用的著名技法。雙擊肘法大體上有三種方法：雙肘並擊、雙肘挾擊、雙肘截擊。

雙肘並擊法是以兩肘齊向對手撞擊的擊打法。在與對手的糾纏中，可以趁對手不備，突然高舉雙手肘，直向對手前額斫擊。這種打法屬於以快打慢的招數。或者在對手纏抱時，上舉雙手肘，向對手的肩胛骨擊撞，迫使對手鬆

圖 4-231

圖 4-232

手並後退。

雙肘挾擊，在泰拳中又叫交加擊法。它用在與對手的近戰中，迅速地以雙肘向對手做連環式的砍擊，從左右兩面擊打對手的面部或頭部。

雙肘截擊法是以兩肘先後向對手撞刺，動作上連貫一氣。從表面上看，這種打法類似於兩肘同時擊出，實際上是左手先右手後的齊截擊招數。

採用雙肘的擊打方法攻擊對手，需要在搏擊中不斷調整姿勢，使自己能夠在最合理、最有效的條件下實施攻擊和防守。要能在多變的情況下發現對手的長處和弱點以及他的打法風格，並做出準確的判斷，才能儘快地依照對手的戰術打法做出正確的反應。特別是當自己還未移動到足以攻擊對手的位置時，不要輕易地出肘或者其他擊法，只有當對手出現破綻時，才能毫不猶豫地快速地以雙肘重擊目標，不要猶豫觀望，以免錯過戰機。

在搏鬥中，儘管拳手已感到十分疲憊或者傷痛發作，此時一定要保持堅定的信念，不要將這些不適在表情上反映出來，應當想到此時對手也會像自己一樣相當疲憊。好的拳手都有一種在困境下堅持不懈的精神，有時候這種精神會使得他們在決定性的一擊中取得最終的勝利。

對打：

（1）雙肘並擊

乙方踏步向前出拳攻擊甲方面部；甲方向一側閃步移動，並注視乙方的變化；乙方欲向前逼近；甲方突然向乙方發動攻擊，兩手由防護變為屈肘衝過乙方的防護，發起雙肘並擊乙方的頭部或頸部。（圖4-233、圖4-234）

圖 4-233

圖 4-234

　　直接發動雙肘並擊，可以直接衝破對手的防護，逼退對手，以達到用肘阻止對手攻勢的目的。

　　（2）雙肘挾擊

　　甲方向乙方發動攻勢，但此次攻擊不是實攻，並關注乙方的反應；乙方後撤一步，左手格擋甲方拳臂；甲方收回右手拳，猛向乙方踏步衝過去，不等乙方動作，屈肘向乙方頭頸做雙肘挾擊。（圖 4-235、圖 4-236）

　　以一次佯攻引誘對手做出反應。如果對手沒有太大的動作變化，即可以猛烈地發動攻勢，擊倒對手。也可以從對手頭部或頸部兩側同時挾擊。

圖 4-235

圖 4-236

（3）雙肘截擊

乙方跨步向甲方逼近，發出右手拳攻打甲方面部；甲方稍向後退步，以閃避乙方的拳臂；乙方攻勢不停，右手拳由拳變為揮肘砸擊甲方頭頸部；甲方迅速縮身，兩手屈肘上提截擊乙方拳臂，化解乙方的攻勢。（圖 4-237、圖 4-238）

看準對手的變化，進行有效的截擊。一旦截擊化解對手的攻勢後，要及時防護，以防對手的反擊。

圖 4-237

圖 4-238

七、輔助肘法

泰拳中的輔助技法同拳擊法一樣，經過拳師長期的磨練與運用而發展出隨機應變的招數。這些招數在搏擊中運用起來也非常方便和有效。

其中有一種叫回手擊肘的招法，比較適用於與對手的近身糾纏中使用。當出拳或出肘攻擊後，對手躲閃到一側時，拳手可突然屈臂發肘橫撞向對手面門或胸部，常常收到出其不意的效果。（圖 4-239、圖 4-240）

圖 4-239   圖 4-240

　　突然地向後撞肘是泰拳肘法的另一個有效的手段。向
後撞肘通常是在對手從後突然向前抱住拳手之時，拳手在
穩固身體後，擰轉腰身向後發出肘法，後刺對手的腰部或
腹部，以解開對手的纏抱（圖 4-241、圖 4-242）。向後

圖 4-241   圖 4-242

肘擊時拳手要使兩腳穩定地踏地，屈肘垂臂貫勁，以肘鋒的勁力直向對手後撞而出，動作要盡力含胸助勁，才能達到狠擊敵手的目的。

在比賽中，有些詭異的招法是不允許使用的，但是在與兇狠的敵手搏鬥時則可以有效地發揮泰拳的各種絕招，以擊倒敵手為最終目的，此時使用哪種招數都是不為過的。

第三節　泰拳腿法

在泰國，城市裏的拳場大多採用沙袋作為練腿的工具之一，但在鄉間，常可以看到拳手們以芭蕉樹作為練腿工具進行上下左右的踢打練習。泰國的拳師沒有不善於用腿的。泰拳的腿法又被稱為「泰國腳」。泰拳中的腿腳功夫訓練也是極為嚴格的，同時這種功夫也讓全世界的拳迷們嘆服。

泰拳的攻擊力十分強勁，拳手們透過訓練，砥礪意志，強壯身體，磨練身心，並增進拳手之間的友誼。作為一種搏鬥的藝術，如果一個拳手出招突然、隱蔽、快速有力，並且動作瀟灑優美，常常會讓拳迷們如醉如癡。泰拳不僅能夠全面發展堅定人的意志，還有強烈的示範效應，如同中國武術一樣，是一項力量、技藝、意志、智慧的競技藝術。但它也有讓人們產生爭議的地方，就是在最嚴格的規則下進行比賽，泰拳也保留了許多尚未完全脫胎出來的舊拳式的野性和蠻力，因此，不少人認為泰拳是野蠻和殘酷的。作為泰拳一部分的腿法，更能體現泰拳野性的一

面，但也具有極強的攻擊力。

泰拳的腿法以腳背、腳後跟和腿脛作為發動攻擊的部位，借助身體的猛力擰轉，向對手掃擊而出，這類打法在泰拳中稱為掃踢腿；另一種是以腳掌進行攻擊，攻擊路線呈直線，前擊而出，這類打法在泰拳中稱為蹬踢腿，又叫踹腿。在此兩大類別中，衍生出五種泰拳的腿法，分別為猛踢、擺踢、前蹬腿、下掃腿和反踢腿。這些腿法成為泰拳中最為常見的基本腿法，經過歷代拳師的運用和實踐，發展了更多的腿擊方法。

泰拳的腿法雖說品種並不多，但想熟練地掌握絕非易事。

一、彈踢腿

(一)左彈踢腿

由拳樁開始做左彈踢腿動作。兩手緊護胸前頜下，右腿穩固支撐，左腳隨踏地的勁力屈膝提起，由下向前快速彈踢擊出，腳掌繃直，勁力達於腳前掌（圖4–243、圖4–244）；如果以腳跟彈擊，腳背與腳脛保持一定的角度（圖4–245）；擊出動作後，眼看前方；收腿動作是一旦擊出即收。

圖4-243

圖 4-244

圖 4-245

（二）右彈踢腿

由拳樁開始做右彈踢腿動作。兩腿緊護胸前頜下，左腿支撐穩固，身體重心移向左腿的同時，後腿向前提起，以前腳踏地的彈勁和身體的動作，促使右腿向前彈踢而出（圖4-246），勁力達於腳前掌或腳尖、腳背；擊出右腿後快速將腿彈性收回。

圖 4-246

【說明】

泰拳的彈踢腿法，看上去動作並不複雜，但真正運用時，就會發現這種腿法並不簡單。實際上，彈踢腿是泰拳

的一種較高深的腿招。

著名拳師們在運用彈踢腿法時，他們能把要發出去的腿控制在空中，然後快速地向目標發勁踢出，攻擊目標均在對手的頭部。由於這種腿法能在短距離中突然襲擊對手，拳手就要由平日鍛鍊使自己腿腳靈活，身體平衡的控制穩定，實踐中才可以做到隨心所欲地發腿。

彈踢腿多用以攻擊對手的襠部、小腿脛骨等部位。由於其在攻擊瞬間是彈射擊向目標的，泰拳中也叫這類腿法為刺踢腿技術。

在實戰中，拳手要盡可能靈活地發出腿招，不僅用腳前掌或腳尖攻擊，在條件許可的情況下，也可以採用腳跟彈踢對手。

彈踢腿的練習方法：

1. 動作練習

● 保持正確的拳樁姿勢進入踢腿練習；

● 先以較慢的速度練習，掌握動作的準確性和正確性。

● 掌握正確的前彈踢技術；

● 把握出腳與收腳的動作影響身體平衡的微妙變化；

● 注意出腿與收腿時腹部的利用；

● 快速彈性的踢出和收腳；

● 身心配合完善技法；

● 左右腳輪流練習。

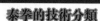
2. 器具練習

（1）沙袋

● 確定好沙袋懸掛的高度；

● 把握出腳的角度、距離、時機；

● 奮力搏擊沙袋；（圖 4-247、圖 4-248）

● 發出左腳彈踢，右腿可稍屈膝，以利於身體穩固；發出右腳時，左腿支撐；

● 以腳掌彈踢或以腳跟彈踢；

● 每一次踢擊都要注意踢擊的勁力；

● 耐心地進行訓練；

● 重複次數多少可根據具體情況而定。

圖 4-247

圖 4-248

圖 4-249

（2）橡皮繩

● 腳踝上繫一橡皮繩，另一頭甲方注視乙方拳師，繫在樹上或者其他垂直物體上；（圖 4-249）

● 快速做彈踢動作，彈踢要準確；

● 每一次都要有意識地快速擊出和收回；

● 鍛鍊彈踢的靈活和出腳的技能；

● 左右腿交換進行練習；

● 練習連續發腿的能力；

● 其間做些熱身運動，適度放鬆。

3. 對打

（1）彈踢腿攻擊襠腹

乙方上步，穩固馬步，左手防守，右手發拳攻擊甲方胸部；甲方注視乙方拳勢，閃身移動，使乙方的拳擊落空；乙方欲收勢；甲方不等乙方動作，換步向前快速擰轉

身體，向乙方襠部或腹部彈踢。（圖4-250、圖4-251）

將彈踢對手下身作為攻擊目標，要把握好距離和時機，同時要預知發腿踢空後被對手搶抱住腿腳時的防護。發腿攻擊動作快出快收。

（2）踩踏——彈踢腿

乙方向甲方移步，準備起腿攻擊；甲方上前快速接近乙方的同時，發出左腳踩踏乙方前腿膝部，阻止乙方向前；乙方俯身準備後退並變化身勢；甲方由左腳向前踩踏

圖4-250

圖4-251

快速變化為向上彈踢乙方胸腹或頭部，右腿穩定身體並防護。（圖 4-252、圖 4-253）

　　這種打法運用了兩種腿擊技術，用踩踏的目的是引開對手的注意，待對手暴露出空檔時，可快速地發動攻擊，將使對手無力挽救。兩種腿擊技術的配合，動作要快速準確。

圖 4-252

圖 4-253

（3）運足—彈踢腿攻擊

甲方運足變換馬步，以待乙方反應，同時向乙方靠近；乙方左右為難，挺身防守；甲方見乙方沒有發出動作，突然換步向乙方衝入，待乙方察覺俯身準備後撤時，甲方快速以左腿穩固身體，右腿向乙方襠部或腹部彈踢而出。（圖4-254、圖4-255）

圖4-254

圖4-255

運足法為泰拳擾亂對手的一個變勢法，也是拳樁運用的高級技術。在以拳樁變換移步使得對手不知如何下手時，突然發動攻擊，對手是較難防守的。

二、蹬踢腿

(一)探蹬腿

由拳樁開始做蹬踢腿動作。身體重心後移至後腿上，後腿可稍屈膝以利支撐身體，同時左腳提起，以後腳穩固地蹬踏地面與身體的猛然動作的勁力結合，將前腳向前探蹬而出，勁力達於腳趾，兩手保持防護姿勢。（圖4－256、圖4－257、圖4－258）

圖4-256

圖4-257

圖4-258

（二）前猛蹬腿

由拳樁開始做前猛蹬腿動作。身體重心後移至後腿上，後腿可稍屈膝以利支撐身體，同時左腳提起，以後腳穩固的蹬踏地面和身體的猛然動作的勁力結合，全力將左腳向前猛蹬踹而出。做動作時要充分運用腰的勁力發出左腳，待發腿勁力用完時，迅速收回腳，恢復拳樁姿勢防守。（圖4-259、圖4-260、圖4-261）

圖4-259

圖4-260

圖4-261

(三)側猛蹬腿

由拳樁開始做側猛蹬腿動作。身體重心向後腳移動時，前腿自然上提屈膝，右腿穩固身勢，以右腳為力點，將左腳向前方全力側踢而出（圖4-262、圖4-263）；右腳動作與左腳相似（圖4-264），只是在擰轉身體的動作上稍比左腳時大一些；兩手防護，眼看前方。發腿動作時要擰轉腰髖將腿發出，使發腿的鞭打勁力更加充足。腿擊的勁力達於全腳掌、腳跟或腳外側。

(四)反蹬腿

由拳樁開始做反蹬腿動作。身體重心移至後腿，同時左腳沿身體側方向前逆直踢擊，勁力達於腳前掌、腳跟或

圖4-262　　　　　圖4-263　　　　　圖4-264

圖 4-265

圖 4-266

腳全掌，兩手防護，眼看前方，右腳穩固踏地控制身體平衡，待發腿用勁後快速收回，恢復拳樁姿勢防守。（圖4-265、圖4-266）

（五）沖蹬腿

由拳樁開始做沖蹬腿動作。兩腳先穩定姿勢，右腳蹬踏地面，身體重心隨著向前移，左腳踏起，縱身向前，隨身體的前沖勁力猛蹬擊出（圖4-267、圖4-268、圖-269）；右腳動作與左腳相似。（圖4-270、圖4-271、圖4-272）

圖 4-267

圖 4-268

圖 4-269

圖 4-270

圖 4-271

圖 4-272

（六）後蹬腿

由拳樁開始做後蹬腿動作。身體重心移至右腿上，左腳含空，兩手防護，左腳向身側上配合腰馬的勁力向後旋身彈擺踢出（圖 4-273、圖 4-274、圖 4-275）；右腳後蹬腿與左腳相似，只是擰身動作稍大些。

【說明】

蹬腿技法在泰拳中屬於主要的攻擊技術。蹬腿在泰語中稱之為「貼」。多以直線形攻擊，招法上有多種變化，在實戰搏擊中用途較廣。以蹬腿攻擊的方式很多，主要由探蹬、猛蹬、反蹬、後蹬等招數組成。此外，在一些著名拳師高超的技藝自由發揮的基礎上，還產生了諸如沖蹬、

圖 4-273

圖 4-274

圖 4-275

轉身後蹬等等難度較大的招法，在搏擊中千萬不可小覷這些招數的攻擊效果，運用得當，會使對手立刻被重擊或踢至內傷，甚至被踢斷腿骨。

另外還有以縱身攻擊的蹬腿和連環的蹬腿技巧。技藝高超的拳師能夠兩足連續地縱身發起攻勢，這種縱身連擊蹬腿技術在實戰中給予對手的打擊是十分沉重的。

20世紀70年代的著名拳師乃佛擅用蹬腿技術。尤其是他運用腳轉身向背對的對手發腿攻擊，令敵手窮於應付，以失敗告終。80年代的拳師沙瑪也以精通蹬腿出名。他的蹬腿十分狠毒，令對手懼怕。他與美國自由搏擊冠軍當威遜一戰，曾讓對手一敗塗地。

泰拳拳師們開始練習腿法時，多以左腳也就是前腳練起，配合腰馬的擰轉，提腳蹬踏，並以腰高為水準。練至腿法收放開合自然，再開始改練下盤腿的蹬踏法；待技術進步成熟後，才能進行上路的高蹬腿練習，如踏面腿擊、踩肩腿擊等。

探蹬腿在實戰中一般作為試探性的腿擊招法。這類腿法在與對手交戰中可以為其他腿法作前哨，或者引誘對手發招；也可以在迎擊中發出此類招法，以腳趾點刺對手的腹部或腿脛部位，試探對手的反應，接著在對手發出動作的基礎上發起相應的攻擊。

有一種情況應當注意，泰國人信佛，所以當使用上路的「踏面蹬腿」動作時，常會以腳底對著對手，顯示出一種羞辱對手的味道，對手會突然發動攻勢，以還擊對其的侮辱。這時拳手可以其他打法攻擊對手。探蹬作為一種腿法，腿擊勁力不大，多數運用在戰術上。

猛蹬腿在泰拳中實際上和中國武術的踹腿相似，泰拳中的蹬腿也可以稱為踹腿。此類腿法，發腿攻擊時常常傾全力地蹬踹而出，以增強發腿的攻擊勁力。猛蹬腿法分為向前的猛蹬、側向的猛蹬兩種勁力較大的攻擊方法。採取這種打法勁力較大的原因是發腿是充分利用了腰髖的動作，使腿擊的勁力驟然發出，集全力於一腳，即使對手極力逃避，也擺脫不掉腿擊的威力。

反蹬腿一般用於遠距離搏鬥中。當對手發出高位的掃腿法攻擊時，拳手可以切入對手中門，快速發出反蹬腿逆擊踢對手攻擊的腿內骨關節或腿關節，或提腳向對手面門橫蹬踢出，擊退對手。採用此類腿法，要掌握好發腿的距離和時機，準確地發動攻擊。

後蹬腿在泰拳中被稱為「鱷魚擺尾」。它是一種難度較大的腿擊法。將其喻為「鱷魚擺尾」，取義於鱷魚兇猛地揮動尾巴，象徵這種腿法的威猛和兇狠的殺傷力。以後蹬腿攻擊，多是在對手防守不嚴的情況下突然發腿，使對手一時無法防備。向後蹬踢時，注意旋身和腰馬的配合，動作上一氣呵成，提高腿擊的威力。後蹬腿的動作幅度大，發腿時要注意動作的隱蔽性、突然性，把握好時機，不發則已，一發就要給對手致命的一擊。

從蹬腿技術發展出一種阻蹬腿法，主要用來對付企圖以膝或拳攻擊的對手。可以直接地向衝過來的對手發向前的蹬腿，阻止對手向前攻擊。或者當對手在準備發腿進攻時，拳手搶先發招，提腿向對手發起阻擊，此謂之截擊法。如果拳手的攻擊力較強，可以一腳擊退或者擊跌對手。

沖蹬腿是拳師們所進行的猛力縱身攻擊法。不過這類

腿法用來對付老練的對手可能就不太奏效。然而用在對手遭受攻擊來不及躲避時，會因騰身的沖躍勁力立即踢倒對手。此類腿法對身體的素質要求較高，需要拳手有較好的彈跳力和動作的靈敏性，並且在落腿後能夠穩固身勢進行防守。精於沖蹬腿法的拳手，還能夠在縱身跳起發出兩腿連環蹬踢，攻擊對手的胸腹部，對手一旦被擊中必然慘敗。

　　泰拳的蹬踢腿法多數採用右腿攻擊目標。但是右腿相對於左腿來說，在動作要求上更高，它不僅需要具備熟練的腿法技術，還需要拳手對目標、距離、時機的準確的把握能力。蹬踢腿除了用於發腿攻擊，還可以用來截擊，或者進行有滲透性的進攻。

　　蹬踢腿的練習方法：

1. 動作練習

- 掌握各種蹬踢腿技術的正確方法；
- 先扶樹進行各種腿法動作的練習；
- 理解各種蹬踢腿的作用和特點；
- 訓練中量力而行，循序漸進地練習；
- 隨著練習時間的延伸，逐漸培養出正確的出腿、收腿習慣；
- 進行蹬踢練習時要注意支撐腿和腿的彎曲程度；
- 腰髖的擰轉作用；
- 在訓練中提高各種蹬踢的基本技術和熟練程度；
- 左右腿交換進行練習；
- 配合其他腿法進行練習；

- 移步發腿蹬踢練習；
- 身心合一。

2. 器具練習

（1）蹬踢香蕉樹

- 以各種蹬踢腿法踢擊香蕉樹；
- 注意蹬踢腿法動作的角度、方向和用勁之道；
- 左右腿輪流踢擊練習；
- 掌握發腿的準確性；
- 腰馬配合的勁力；
- 配合其他腿法練習交叉的腿擊法；
- 練習中要學會發現不良的習慣和錯誤動作並及時地糾正。

（2）蹬踢障礙物

- 選擇一個物體置放於地面上；
- 進行高、低蹬腿動作練習；
- 先進行原地練習；
- 配合步法移位蹬踢練習；
- 控制高、低的發腿難度和各種蹬踢的角度。

（3）沙袋

- 前蹬腿蹬踢沙袋以腳前掌、腳後跟或腳全掌接觸動作（圖4-276），左右腿交替進行；

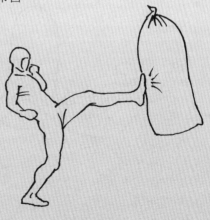

圖4-276

● 側蹬腿蹬踢沙袋以腳全掌或腳後跟接觸動作，左右腿交替進行；（圖 4-277、圖 4-278）

● 後蹬腿蹬踢沙袋以腳後跟或腿脛接觸動作，左右腿交替進行；（圖 4-279）

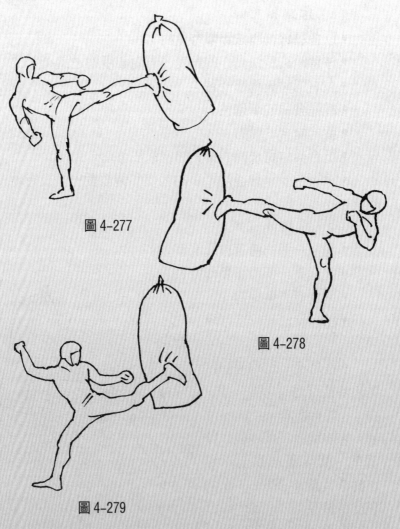

圖 4-277

圖 4-278

圖 4-279

●反蹬腿蹬踢沙袋以腳全掌或腳跟、腳外緣接觸動作，左右腿交替進行；

●每一種蹬踢練習都要先進行原地練習；

●多做蹬踢沙袋下方的動作；

●以各種蹬踢腿法的正確動作擊踢沙袋；

●讓沙袋在搖晃中進行踢擊；

●每一次踢擊動作都要準確，兩腳隨踢擊動作適時地擰轉；

●配合步法移位蹬踢沙袋練習；

●動作熟練後逐漸做猛力蹬踢沙袋練習；

●逐漸提高蹬踢腿法部位，加強力量和準確性；

●結合手法、步法練習。

（4）腳靶

●各種蹬踢腿法進行正側面或向後的蹬踢練習；（圖4-280、圖4-281、圖4-282）

●蹬踢中手腳協調地配合動作；

圖4-280

圖 4-281

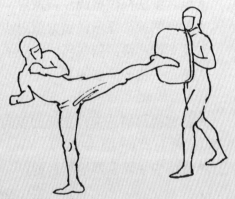

圖 4-282

● 助手同時做上下、左右、高低、前後的移位，讓拳
手做各種角度、方向的蹬踢練習；

● 鍛鍊各種蹬踢腿法的靈活性和準確性；

● 用心參與訓練；

（5）腿腳硬度

掌握各種蹬踢腿法後，選一橡樹杆鋸成一小段，拋向
空中，接著採用各種蹬提腿法進行踢打練習（圖 4-283、

圖 4-284、圖 4-285）；或者配合其他腿法練習，以增強腿腳的硬度和抗擊打能力，訓練腿腳的速度和準確性，然後結合一些放鬆動作加入練習前後，緩和一下緊張的腿腳肌肉。

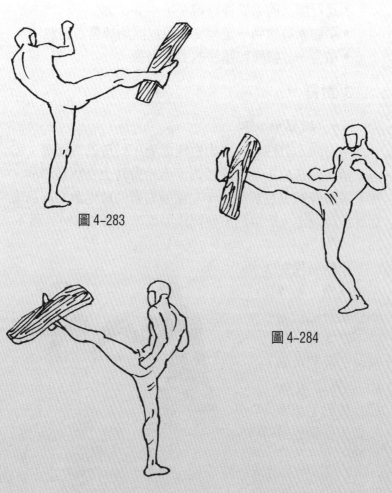

圖 4-283

圖 4-284

圖 4-285

（6）柔韌性

● 做各種腿法所需的柔韌性練習，促進腿腳的柔韌能力；

● 堅持經常性的柔韌性練習；

● 進行腰部的柔韌性練習；

● 柔韌素質達到一定程度，可以開始練習各種腿法；

● 結合一些腰腹和腿法的力量訓練。

3. 對打

（1）蹬踢腿攻擊

甲方向乙方移動，發出右腿虛刺，以待乙方反應；乙方下落手臂格擋；甲方見乙方下落手臂時上身防護薄弱，接著調整身勢，右腳落地，左腿隨右腳的踏地勁力向乙方猛然蹬踢而出，擊中乙方面門或頭部。（圖4-286、圖4-287）

用腳試探對手的反應，要控制住使發腿的力量不要太大，緊接著的發腿攻擊動作要連貫快速，使對手來不及做出反應已遭打擊。

圖4-286

圖 4-287

（2）蹬腿攻擊下腹

　　甲方向乙方移步，左手出拳攻打乙方面部；乙方後閃並上抬右手臂格開甲方拳臂；不等乙方收回手，甲方迅速地穩定身勢，右腳碾地，左腳快速向乙方下腹蹬踢，擊退乙方，兩手同時防守。（圖 4-288、圖 4-289）

　　向對方的面部的攻擊是佯攻，這是一種戰術性的蹬踢攻擊。向對手下腹蹬踢，應在對手沒有收手時。

圖 4-288

圖 4-289

（3）側蹬膝步

乙方移動向甲方發動攻勢，揮動左拳攻打甲方面部；甲方迅速反應，右手防護，左手屈臂格擋乙方拳臂；乙方欲收手再次攻擊；甲方在乙方收手的同時，促腳擰轉身體，右腳突然向乙方膝關節蹬踢而出。（圖 4-290、圖 4-291）

格擋之後，在對手收手同時即刻發動腿擊，不讓對手再次先做動作。

圖 4-290

圖 4-291

（4）蹬腿連擊

乙方先發動攻勢，上前一步，揮動右拳擊打甲方頭部；甲方屈臂迅速地格擋乙方攻擊拳臂，向乙方逼近；乙方準備收回手；甲方突然以右腳向乙方頭部蹬踢而出；乙方快速地下潛俯身躲避；甲方攻勢不停，右腳由向下動作稍下落，接著向前蹬踢乙方胸部。（圖4-292、圖4-293、圖4-294）

格擋之後在發動腿擊的同時，蹬踢動作連續發出，不給對手還擊的機

圖 4-292

圖 4-293

圖 4-294

會，由上向下連踢對手的頭部和胸部。

（5）拳擊—前蹬踢

甲方跨步向乙方突進，左手防護，右手拳擊打乙方面門；乙方兩手迅速向上，格擋和阻止甲方的攻勢；甲方快速抽回右手，左腳踏地，右腳上提，猛然向乙方前肩臂蹬

踢而出。（圖 4–295、圖 4–296）

　　用手配合步法的向前衝，可以有效地做出佯攻的架勢，使對手不得不做出防守的動作。待對手一抬臂，可以直接地向對手任何身體部位發起踢擊。

圖 4–295

圖 4–296

（6）側蹬—後蹬

甲方晃動兩手墊步向乙方逼近；乙方兩臂上抬護住頭部；甲方趁機移動變勢，向乙方發出側蹬腿，踢擊乙方右腿膝部；乙方被擊而俯身；甲方右腳落地，左腳隨身體的擰轉向乙方發出左腳後蹬腿，踢中乙方襠部或下腹部。（圖4-297、圖4-298）

移動步法發出攻擊，動作要直接快速，乙方對手還擊。兩種腿法的連擊動作要連貫、協調、有力，轉身發腿兇狠。

圖4-297

圖4-298

（7）左右蹬腿

甲方突然向乙方發動攻擊，移步向乙方側蹬踹出；乙方下沉肘臂壓擋甲方進攻的腿腳，甲方迅速地以左腳碾地，右腳下落，轉身發出左腳蹬踢乙方胸部或腹部（圖4-299、圖4-300）；待乙方被擊退時，手腳恢復防守。

蹬踹連擊動作要快速兇猛。在發腿腳時，要注意掌握好第一次腿擊落腳不能影響第二次發腿。

圖 4-299

圖 4-300

（8）下潛──側蹬

甲方運足下潛身勢向乙方靠近；乙方不知虛實而向後閃身，兩手防護；甲方突然移動挺身，左腳踏地，右腳上提向乙方側蹬踹擊，擊踢乙方胸部或腹部。（圖4-301、圖4-302）

下潛運足是為了迷惑對手，令其不知所措，在對手發愣的同時，突然發腿蹬踹，對手猝不及防。

圖4-301

圖4-302

（9）擺擊拳——側蹬

甲方移步向乙方逼近，發出右手擺擊拳攻擊其頭部；乙方移動，以右手阻擋甲方拳臂；甲方右腳跟落地，擰轉身勢，右手抽回即發出左腳向乙方胸部側蹬踹擊。（圖4-303、圖4-304）

擺擊對手後一旦抽回手，就要立即發出腿招連擊對手。擺擊拳攻打對手的勁力不要太大，主要是發腿攻擊。

圖4-303

圖4-304

（10）後蹬腿攻擊

甲方向乙方移步，晃動兩拳；乙方上抬兩手嚴密防護；甲方隨即以右腳快速地變動作，擰轉腰身，背向乙方；乙方欲向甲方追擊；甲方緊接著轉身以右腳支撐身體，左腳向乙方襠部或下腹部撩踢而出。（圖4-305、圖 4-306、圖4-307）

進步向乙方逼近發動進攻時，步法和發招都要快速。因為是向後方反向的發腿，如果不能快速地擊打，使對手較容易躲開。要準確把握出腿後擊的距離，以

圖 4-305

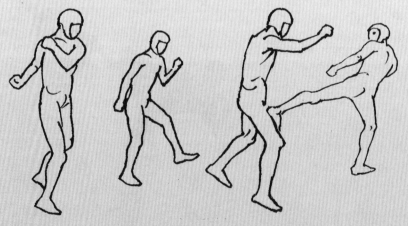

圖 4-306　　　　　　　　圖 4-307

保證有效地擊中對手。

（11）閃身——側蹬腿

乙方移步向甲方靠近；甲方加強防守姿勢；乙方突然挺身發出左腿掃踢橫擊甲方頭部；甲方向一側閃身下潛，躲開乙方腿腳，緊接著向乙方移動，左腿支撐，右腳猛向乙方支撐腿發出側蹬踢，擊倒乙方。（圖4-308、圖4-309）

移步上前接近對手，立即快速地發動腿擊，不要等對手收腿時才踢擊，這樣對手很容易躲開。

圖 4-308

圖 4-309

（12）側蹬腿反擊

乙方向甲方移步，左腿支撐，右腳向甲方蹬踹；甲方
上提左腿掛擋乙方的攻擊腿；乙方欲再動；甲方由掛擋不
停，在向下稍屈膝的同時，緊接著發低位側蹬腿踹擊乙方
支撐腿膝關節，擊倒
乙方。（圖 4–310、
圖 4–311）

由掛擋動作變勢
要快速進行，以免對
手變招而失去反擊的
機會。

圖 4-310

圖 4-311

（13）閃身——後蹬腿

乙方向甲方移動，突然起腳發出右腿掃踢甲方頭頸部；甲方看準乙方的腿腳動作，迅速向下俯身躲避乙方的掃踢，緊接著不等乙方收回攻擊腿，以左腳掌為軸，轉動身體，猛然挺身，以腰腹的勁力向後發出高蹬腿擊踢乙方頭部。（圖4-312、圖4-313）

下潛和挺身發腿攻擊，需要良好的身體素質，才能有效地發揮腿擊的威力，而且動作快速擊出，對手將無法及時防守。

圖4-312

圖4-313

（14）阻擊—蹬腿反擊

乙方上步，向甲方提腿側蹬踹；甲方不等乙方擊出左腿，快速上提左腿，阻擊乙方的左腿；乙方被迫準備收勢；甲方趁機在乙方俯身時，發出左腿蹬踹乙方頭頸部；乙方被擊而起腿還擊；甲方兩手壓擋乙方的攻擊腿，緊接著左腿下落變勢，向乙方支撐右腿膝部猛然蹬踹。（圖4-314、圖4-315、圖4-316）

提膝格擋變為攻擊，需要拳手具備較好的腰馬控制能力和發腿的柔韌性，才能進行這種難度很大的腿招攻擊。在變勢中，收式和發招都要快速進行，才能有力地擊倒對手。

圖4-314

圖 4-315

圖 4-316

（15）猛蹬腿

甲方向乙方發出右拳攻擊，逼迫乙方做出反應動作；乙方在兩手格擋的同時，提膝準備踢擊；甲方閃至一側，未等乙方出腿，稍偏身，利用腰馬的勁力向乙方面門或頭頸部發出猛烈蹬踢，待乙方後退時，右腿隨逆蹬踢方向橫收回恢復防守。（圖4-317、圖4-318）

外展逆向的直戳猛蹬踢，如果發腿勁力強大，速度較快，對手將很難防禦這類攻擊。在變化的腿法攻擊中，發招動作要快速連貫，不給對手留有還擊的空隙。

圖 4-317

圖 4-318

（16）阻蹬腿

乙方突然向甲方靠近，隨著移動發出右手拳擊打甲方頭部；甲方看準乙方的攻勢，在乙方向前移動發招的同時，提起左腿猛然向乙方胸腹部或肋部直蹬擊，阻擊乙方向前攻擊。（圖4–319、圖4–320）

採用阻蹬腿時要注意對手會不會發腿還擊。運用此招時一定要比對手搶先動作，以先發制人的戰術阻止對手的攻擊動作。

圖4–319

圖4–320

（17）沖蹬

　　甲方先移步向乙方逼近，發出左手拳試探乙方反應；乙方被甲方的拳擊逼迫，做兩手防護動作；甲方見乙方沒有大的動作，突然兩腳踏地縱身躍起，向乙方發動右腳猛烈的蹬踢，擊中乙方的面門。（圖4-321、圖4-322）

　　沖蹬腿的攻擊動作要兇猛快速，以達到一招制敵的效果。縱身的發腿擊法，同樣需要防護對手的反攻或還擊。一旦採用此招，要求騰身快速的發招和落地時穩定身勢，恢復防守姿勢。

圖4-321

圖4-322

（18）後蹬腿破低掃腿

乙方移步向甲方逼近；甲方注視乙方的動作變化，乙方提腿屈膝準備攻擊；甲方穩定兩腳姿勢，以待乙方動作；乙方突發低段掃踢甲方下肢；甲方緊接著變勢，左腳踏地穩定身勢，右腿提膝繞過乙方的起腿，猛向乙方頭頸部掃蹬擊出。（圖4–323、圖4–324）

向後的蹬踢是為有效地擊中目標，可以以腳跟或腳全掌蹬踢，也可以以腳脛向後掃擊對手的頭頸部。向後的高位蹬踢，拳手應有良好的身體素質，才能充分地發揮。

圖4-323

圖4-324

三、橫掃踢腿

(一)高橫掃踢腿

　　由拳椿開始做高橫掃踢腿動作。左腳踏地碾動，身體重心向左腳移動的同時，右膝上提，隨轉身撐腰放髖的勁力將右腿向前方沿弧形橫向上掃踢而出，左腿穩固支撐或稍屈，兩手可隨腿的發出先後擺出，做出防守姿態，眼看前方發腿處；收腳應隨腿腳落地的慣性快速收回，恢復拳椿防守（圖 4–325、圖 4–326、圖 4–327）；左腿和右腿動作相似，唯在撐轉腰身動作上比右腿動作稍小些。（圖 4–328、圖 4–329）

圖 4–325

圖 4–326

圖 7–327

圖 4-328

圖 4-329

(二)中橫掃踢腿

由拳樁開始做中橫掃踢腿動作。左腳踏地碾動，身體重心在向左腳移動的同時，右腿上提，上身隨即左轉，收腹稍傾身，右腳稍扣前擺，隨轉身擰腰放髖的勁力將右腿向前方左側橫掃踢出，高與腰平或稍高。發腿時呼氣發力，勁力達於腳背或腿脛部。右腿發出時，左腿穩固地支撐身體平衡，兩手可在發腿時隨動作先後擺出，並有防守意識，眼看發腿處（圖 4-330、圖 4-331、圖 4-332）；收腳恢復拳樁防守，應隨右腿腳部的下落快速穩定腰馬樁步的姿勢，左腿中掃踢腿與右腿動作相似，唯擰轉腰身的動作稍小些。（圖 4-333、圖 4-334）

圖 4-330

圖 4-331

圖 4-332

圖 4-333

圖 4-334

(三)低橫掃踢腿

　　由拳樁開始做低橫掃踢腿動作。左腳踏地碾動，身體重心在移向左腳的同時，右膝不必上提，上身稍左轉，收腹稍傾身，右腳稍扣前擺，隨轉身擰腰的勁力將右腿向前下側低橫掃踢出，高與膝平。發出腿時呼氣發力，勁力達於腳背或腿脛部，左腿在右腳發出時穩固支撐身體或者稍屈左腿，以利於向遠處發腿掃踢，兩手保持防護姿勢，眼看發腿處（圖4-335、圖4-336）；左腿動作與右腿掃踢動作相似。（圖4-337、圖4-338）

圖4-335

圖4-336

圖4-337

圖4-338

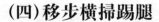

(四)移步橫掃踢腿

　　由拳椿開始做移步橫掃踢腿動作。兩手保持防守姿勢，上身稍右轉，右腿向側前方跨步不停勢，隨即右腳前掌外展，以跨出右腿的勁力向左擰轉腰馬，帶動左腿向前猛然橫掃而出，呼氣發力，勁力達與腳背或腿脛部（圖4-339、圖4-340、圖4-341）；收腳時可隨腰馬的擰轉快速地恢復拳椿防守，或配合三宮步運足做下一右腿掃踢動作。

【說明】

　　橫掃踢腿法在泰語中稱為「笛」，意思是弧形拋物式攻擊腿招。這種掃踢腿法多以基本的 45°角斜向掃踢而

圖 4-339

圖 4-340

圖 4-341

出，在基礎訓練時角度可小一些，但在實戰搏擊中，可以根據不同的變化做不同角度的發腿攻擊。在橫向掃踢出腿招時，甚至可以由高處向下砸腿攻擊，或者進行橫砸攻擊，以達到掃踢腿的最佳攻擊效果。擊踢多以腳背和腿脛部位。橫掃發腿不能以腳尖攻擊目標，這樣腳趾很容易受傷。

著名的泰拳拳師們多精於掃踢腿法，因為掃踢的力度渾厚兇猛，經過長期磨練，可成為拳手在搏擊中行之有效的腿擊之法。

以腿掃踢對手的腿彎內側和外側部位，這種打法是針對對手的腿部肌肉和關節等重要部位，對手的腿部關節和肌肉受到連續的攻擊，會逐漸腫痛以致無法繼續搏鬥下去。連續地擊痛對手，會使對手漸漸喪失攻擊的信心，並能以重擊擊破對手的重心，使對手倒地不起。20世紀40年代泰拳的著名拳師、被稱為「亞拉伯王子」的鄔沙曼，就被另一位著名拳師通拜以下掃踢腿法擊敗。通拜的發腿秘招在於，他專門向膝關節做連續的掃腿攻擊，即接連發腿對著膝關節不固定地由上向下掃踢，以破壞對手腿部的支撐能力，使對手的腿攻勁力喪失，無法繼續進行搏鬥。

低掃踢腿法一般以低旋掃踢和低勾掛踢兩種方式進行攻擊。這也是泰拳自由發揮中的一種表現。低旋掃踢是在拳樁的基礎上，左腿先屈膝向前移動半步，右腿隨即跟著從右向左發腿掃踢，並以擰轉腰身的勁力帶動出腿掃擊的力度。這種掃踢的勁力達於腳踝、小腿內外側部位，攻擊的目標以對手的腰部以下為主。低勾掛腿的攻擊是從拳樁發腿時，身體稍左轉，右小腿稍上提，隨身體的擰轉猛然

向對手的腿脛發出掃踢，而且攻擊時腳掌與腿脛保持一定的角度，不要繃直，以勾掛對手的腿腳為主。

橫掃踢腿是泰拳中的一種弧形腿法，多數從對手的側面攻擊，在搏鬥中可以踢掃對手身體的多個部位。這種腿擊勁力很強，在實戰中可以反覆多次地運用，並能夠在其他擊法的掩護下進行踢擊，或者直接進行攻擊和反擊，在泰拳比賽中發揮著舉足輕重的作用。

移步橫掃踢腿的練習方法：

1. 動作練習

- 由拳樁動作開始練習時，先適度地放鬆身體；
- 先進行稍慢的掃踢腿動作；
- 注意體會動作的技術細節；
- 合理地利用身體的腰髖擰擺；
- 追求動作的準確性和正確性；
- 進行高、中、低三段的掃踢動作；
- 追求動作的速度、變化和勁力；
- 配合身體的耐力、靈敏、協調等素質的訓練；
- 進行假想的發腿踢擊，體會出、收腿的不同細節；
- 結合步法做移動發腿練習。

2. 器具練習

（1）障礙掃踢腿
- 選一稍高的器具，擺放好位置；
- 做原地的掃腿動作，發腿高於腰部；（圖 4-342、圖 4-343、圖 4-344）

- 腿腳能夠發腿空擊而不碰到障礙物；
- 配合步法練習移步掃腿動作；
- 努力控制腿腳的高度、角度和協調性；
- 鍛鍊發腿的空間距離感；
- 提高掃踢腿的準確性和協調性；
- 左右腿交換練習。

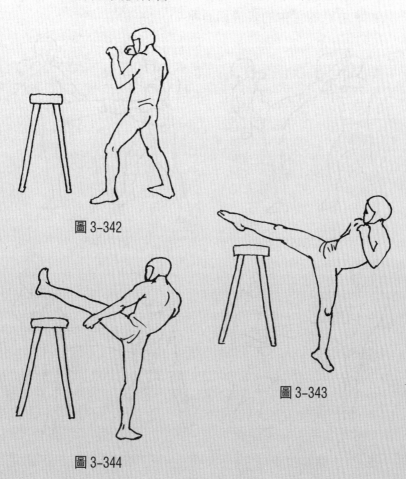

圖 3-342

圖 3-343

圖 3-344

（2）腳靶

● 與助手進行掃腿踢擊腳靶的聯繫；

● 助手可以左右手各持一個腳靶；

● 拳手做左右腿各種上下、左右、高低的掃踢腿動作
踢擊；（圖4-345、圖4-346、圖4-347、圖4-348）

● 掃腿踢擊準確有力，左右腿配合進行；

● 注意練習中的表情和興趣；

圖4-345

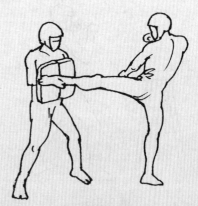

圖4-346

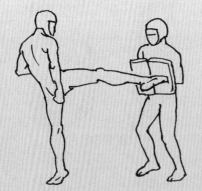

圖4-347

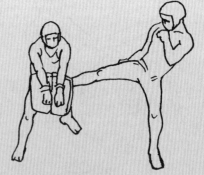

圖4-348

- 配合步法移動發腿踢擊練習；
- 引導拳手掌握發腿的時機、距離的控制能力；
- 提高掃腿踢擊的身體整體協調性；
- 加強拳手的反應能力和連續出腿的技術。

（3）踢香蕉樹

- 選擇有香蕉樹的地方，進行踢樹的練習；
- 圍著香蕉樹做左右發腿掃踢動作；
- 從高、中、低的方向角度發腿掃踢；
- 配合步法做移動的發腿掃踢練習；
- 全身心地投入練習中。

（4）沙袋

- 將沙袋懸掛於適宜的高度進行掃腿踢擊；
- 先以出腿的正確姿勢和準確性為主進行練習；（圖
4-349、圖4-350、圖4-351）

圖4-349

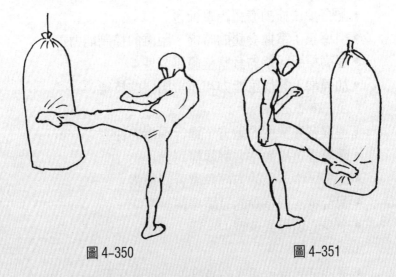

圖 4-350　　　　　　　　　圖 4-351

- 做原地固定的擊踢沙袋；
- 讓沙袋在擺蕩中進行踢擊；
- 學會利用腰腹的力量；
- 左右手交換進行練習；
- 從不同高度做不同角度的掃腿動作；
- 每一次踢擊都要奮力搏擊沙袋；
- 為增加發腿的速度，開始階段練習時間應短些；
- 提高掃踢腿的力量、硬度和搏擊耐力。

3. 對打

（1）高橫掃踢腿攻擊

甲方向乙方突然移步，隨左腳的碾地，發出右腿向乙方下盤掃踢，迫使乙方將防守注意力放在下肢上；乙方面對突如其來的襲擊，快速下防甲方的攻擊；甲方趁乙方下

防時，以左腿蹬踏地面的勁力擰轉腰身，右腿向乙方頭頸部掃踢。（圖4-352、圖4-353、圖4-354）

　　先向對手的下方發腿是虛擊，引誘對手對上路的防守露出空檔，然後以支撐腿控制身體的平衡，快速發動高掃踢腿。

圖4-352

圖4-353

圖4-354

（2）中掃踢腿—高蹬踢腿

甲方移動跨步向乙方逼近，兩手防護，右腳向前掃踢乙方腰腹部；乙方穩定馬步向一側閃身，以躲避甲方的腿招；甲方攻勢不停，左腿穩固身勢，右腳在空中向上猛然蹬踢乙方頭部或頸部。（圖4-355、圖4-356）

突然的掃腿踢擊，當對手迅速做出反應時，接著發動連擊腿招，使對手沒有變化的時間。

圖 4-355

圖 4-356

（3）下潛—中橫掃踢腿

乙方先發動攻勢，揮拳攻打甲方頭部；甲方穩固馬步，向下迅速地潛身躲閃乙方的拳擊；乙方發拳擊空，欲收手；甲方快速地向一側移動，兩手防護，左腿支撐，右腿隨即向乙方腰腹部發腿掃踢。（圖4-357、圖4-358）

向一側下潛閃身，注意對手變化其他拳法再次攻擊，兩眼緊盯對手的動作變化，嚴密防守，以待變招迎擊。

圖4-357

圖4-358

（4）左低掃腿—右高掃腿攻擊

甲方晃動兩拳向乙方靠近；乙方被迫上抬兩手護住頭部；甲方注視乙方上路的變化，右腳稍動，左腳隨著右腳的踏地向乙方前腿膝部發出掃踢；乙方被踢而後退閃身；甲方突然變化招式，向乙方換步左腳踏地，右腿猛然向乙方頭頸部掃踢；乙方提膝阻擋時已失去動作時機，被甲方發腿擊中。（圖4-359、圖4-360、圖4-361）

圖 4-359

圖 4-360　　　　　　　　　圖 4-361

左右腿的兩側掃踢，動作要快速、連貫、有力，狠踢對手，不讓其變招逃避。

（5）右彈踢腿—左掃踢腿

甲方晃動拳臂向乙方移動，突然向乙方下盤發出右腳彈腿踢擊；乙方被突然襲擊，慌忙調整防守；此時，甲方右腳落地，迅速蹬踏地面，擰轉腰馬縱身而起，向乙方發出左腿掃踢，擊中乙方頭頸部或後背。（圖4-362、圖4-363）

彈腿要發腿突然，待對手一有動作，立即換步縱身發騰空掃腿，動作緊湊、猛烈。

圖4-362

圖4-363

（6）右掃踢腿—右蹬踢腿

乙方揮出左拳攻打甲方頭部，並向前移動；甲方看準乙方攻勢，上抬右手外格乙方拳臂，化解乙方拳勢；乙方欲收回手臂，準備做下一動作；甲方不等乙方先動，左腳踏地，腿隨身體的擰轉向乙方猛掃踢出；乙方突然下潛躲避甲方的腿擊，並向一側進身；甲方攻勢不停，右腿緊接著變招，由橫掃變為向前的猛蹬踢踹乙方胸部，擊退乙方。（圖4–364、圖4–365、圖4–366）

圖 4-364

圖 4-365　　　　圖 4-366

格擋對手動作的同時，立刻發動掃腿踢擊，以防對手發動新的招式進攻。由掃腿變勢時要控制身體的平衡，以利於有力地向前蹬踢對手。

（7）拳擊——中橫掃踢腿

甲方先發動攻勢，移步向乙方逼近，發出右手拳擊打其頭部；乙方迅速地上抬手臂格擋，並移步防止甲方攻擊；甲方看準了乙方的移位，左腳踏地控制身體重心，兩手晃動的同時，發出右腿橫掃踢乙方腰背部。（圖4-367、圖4-368）

圖4-367

手的攻勢是為腿的重擊開路造勢，所以在發出手法時，勁力不要太大，發腿掃踢時要快速而有力。

圖4-368

（8）摟腿—低掃踢腿

乙方向前移步，穩定身勢並發出右腿彈踢甲方腰腹部；甲方移動步伐，右手防護，左手用勁摟抱住乙方攻擊的右腿，鎖扣住乙方，並用力向一側拖；乙方被困住無力收腳；甲方在迅速地控制住乙方的同時，左腿支撐，右腿向乙方支撐腿膝部猛掃踢擊，擊倒乙方。（圖 4－369、圖 4-370）

看準對手的攻勢，伺機做近身的摟抱動作。還要注意對手的揮拳擊打。一旦控制住對手，要猛發掃腿踢擊對手，不給對手喘息機會，一舉擊倒對手。

圖 4-369

圖 4-370

（9）掛擋—低掃踢腿

乙方移步向甲方發出腿攻，蹬踹甲方下肢；甲方快速地反應，兩手防護，右腿穩固身體，左腿屈膝上提，向乙方的攻擊腿掛擋，不等乙方變化動作，甲方順勢由掛擋化為側身的下掃腿踢掃乙方的支撐腿關節，踢倒乙方。（圖4-371、圖4-372）

防守掛擋要及時、準確，掃踢對手的支撐腿動作要快速兇猛。

圖 4-371

圖 4-372

（10）高掃踢腿—右擺擊拳—左直擊拳

乙方準備向甲方靠近並提腿攻擊；甲方搶先於乙方的動作，移步向前，同時左腿穩定身體，兩手防護，右腿猛力向乙方頭部掃踢而出；乙方被踢擊而收腳落地；甲方攻勢不停，右腳落地，右手隨即發擺擊拳攻打乙方面門；乙方被拳擊而向一側晃動身體；甲方接連左手直擊拳攻打乙方面門，擊退或擊倒乙方。（圖4-373、圖4-374、圖4-375）

這幾種招法的連擊要把握好攻擊的時機，方可進行連續的狠攻，擊倒對手。

圖4-373

圖4-374

圖 4-375

（11）高掃踢腿—側蹬踢腿

乙方向前移動，出腿彈踢甲方胸腹部；甲方兩手隨身
體的移動下沉屈臂壓擋乙方的攻擊腿，身體向一側閃開；
接著不等乙方有所變
化，左腳碾地擰轉身
勢，右腳向乙方頭頸部
掃踢；乙方欲起腳還
擊；甲方隨身體的微小
變化，右腿在下落的同
時，接著向乙方支撐腿
膝關節側蹬踹擊。（圖
4-376、圖 4-377、圖
4-378）

圖 4-376

圖 4-377

圖 4-378

連續攻擊時，除了動作必須兇猛快速外，還要時刻注意對手的變化，防止其突然的還擊。

（12）閃避──高掃踢腿

乙方向甲方發出掃腿攻擊；甲方看準乙方的腿勢，向一側閃身的同時，可扣住乙方掃踢的腿腳，移動進步，如果被對手逃脫，則快速地上提左膝格擋乙方的腿攻；乙方準備收腳時，甲方右腳碾地，左腿向上發出高掃踢腿踢掃乙方頭頸部，擊退乙方後收腳恢復防守。（圖 4-379、圖4-380、圖 4-381）

　　凡做此類難度較大的動作進行攻守時，都要在控制好身體平衡的前提下才能運用，否則很容易被對手反擊得手。

圖 4–379

圖 4–380

圖 4–381

（13）左高掃踢腿—右高掃踢腿

　　甲方突然向乙方發動左掃腿動作攻踢其頭頸部；乙方快速下潛躲過甲方的攻擊；甲方緊接著變勢，在左腳落地的同時，穩定身勢，右腳隨即向乙方發出右高掃腿踢擊乙方的頭頸部。（圖4-382、圖4-383）

　　左右腿的兩側連擊，不僅要求拳手具有較好的身體素質，而且在進攻時要直接、快速、兇猛，使對手即使躲過了第一次攻擊，也來不及預防第二次打擊。

圖4-382

圖4-383

（14）右高掃踢腿—左高掃踢腿

乙方移步向甲方靠近；甲方調整身勢，左腿支撐，隨著擰腰轉髖向乙方頭部發出高腿迎擊乙方；乙方迅速向後仰身躲閃；未等乙方變勢；甲方換勢，調整馬步，右腿支撐，左腿向上掃踢乙方右側頭部。（圖 4-384、圖 4-385）

一次掃腿攻擊落空後，在身體保持平衡的條件下，再起一腿發起兇猛進攻，連擊對手頭部。

圖 4-384

圖 4-385

（15）拳擊—高砸掃踢腿

乙方跨步向甲方逼近；甲方迅速發出左拳阻撓乙方逼近，接著右手下防；乙方準備發招攻擊；甲方快速地以左腳踏地，擰腰展髖，在上提右腿的同時，向乙方頭頸部或面門砸掃擊出。（圖4-386、圖4-387）

向對手面門或頭頸部掃踢或砸掃踢，需要拳手具備較好的身體平衡控制能力和極好的柔韌性，才能有效地攻擊對手。

圖4-386

圖4-387

（16）低勾掛踢破拳擊

　　乙方上前一步，發出左拳擊打甲方頭部；甲方左手防護，右手外格乙方的拳臂；乙方變化拳招，向下攻打甲方胸部；甲方左手護身，右手向乙方做出迎擊動作，右腳隨著外碾地向乙方前腿勾掛掃踢。（圖4-388、圖4-389、圖4-390）

　　勾掛掃踢動作要勁力短促，發腿兇猛，以小腿踝關節或腿脛掛掃對手的腿腳。

圖4-388

圖4-389

圖 4-390

（17）低內側勾掛腿破腿擊

甲方向乙方移動時，乙方沖出發左腳掃腿擊掃甲方下肢部位；甲方兩手護住頭部，防止乙方出拳，在逼近乙方的同時，以左腿支撐，右腿猛向乙方支撐腿膝部勾掛，擊破乙方的支撐平衡。（圖 4-391、圖 4-392）

可以做連續的勾掛掃踢，破壞對手的平衡，使其無法出手還擊。

（18）掩面—掃踢腿

乙方移動，發出左拳擊打甲方面門；甲方隨乙方的拳勢上抬右臂向外格開其拳勢，不等乙方變化動作，踏步向乙方近身的同時，左手防護，右手向乙方面門掩蓋過去，在擋住乙方視線的瞬間，發出右腿勾掃擊踢。（圖 4-393、圖 4-394）

掩手技術是泰拳拳法的一種高級技巧。可以用這種手法按壓對手的面門，遮掩對手的視線，或者蓋閉對手的呼吸，

然後立刻轉入攻擊。驗收在泰拳中又稱為「拴鼻拳」。

圖 4-391　　　　　　　　　圖 4-392

圖 4-393　　　　　　　　　圖 4-394

四、勾踢腿

(一)高勾踢腿

由拳樁開始做高勾擊腿動作。身體重心移至右腿,上身可隨著側身勢,同時上提左腿,腳背屈緊,上身擰轉帶動左腳向前方勾擊而出,勁力達於腳背部,眼看前方(圖4-395、圖4-396);右腿勾踢動作略同左腿,不同處是以後腿向前擰轉身體勾踢(圖4-397),動作幅度稍大些。在勾踢左(右)腿時,控制住身體平衡,迅速地落腳收式恢復拳樁防守。

圖 4-395

圖 4-396

圖 4-397

（二）中勾踢腿

由拳樁開始左中勾踢腿動作。身體重心移至右腿，上身側身勢，同時上提左腿，腳背屈緊，上身擰轉帶動左腳向前方接近腰部高度勾擊而出，勁力達於腳背部，眼看前方（圖4-398），右腿勾踢，在擰轉身體的同時快速將右腳向前以腳背踢擊（圖4-399、圖4-400），兩手防護，踢擊後順踢腿的彈性收回持拳樁防守姿勢。

圖4-398

圖4-399

圖4-400

（三）低勾踢腿

由拳椿開始做低勾踢腿動作。穩定身體重心的同時，左腳稍微前移，隨擰轉腰馬的勁力向前下方低掃踢出，勁力達於腳背踝關節處（圖4-401）；右腿勾踢動作相似（圖4-402）；踢出腳後快速恢復拳椿防守姿勢。

【說明】

泰拳的勾踢腿法在攻擊過程中有些類似橫掃踢腿法，但是攻擊時腿腳擊踢的部位略有不同。此類腿法在實戰中一般不作力量型攻擊腿法，而主要是快速隱蔽地出腿，擊踢對手身體的脆弱部位，或者用來勾掛和格開對手的腿腳攻擊。

勾踢腿法可以運用於中距離搏擊中，用以靈活地勾踢對手頭頸部或腹肋部，有時也可以下勾踢對手的腿腳。不足之處是，向對手上路發動勾踢時，要求拳手具備良好的

圖4-401

圖4-402

柔韌性，才能有較好的效果。勾踢往往配合其他的腿擊法來增強踢擊的效果，採用戰術性打法時，出腿勾擊動作要突然、準確。

實戰中，勾踢腿多從側面進攻對手，近距離地發腿勾擊，除了要求動作快速，還應在出腿擊向目標時借身體的擰轉和腰髖的外展，腳踝關節屈緊，來加強出腿的突然性和勁力。勾踢腿結合轉體動作，能在上步時發動遠距離的攻勢。

在勾踢腿法中，左腿的踢擊比右腿的踢擊困難一些，拳手需經過強化訓練，才能使兩腿的踢擊具有同樣的威力。

如果採取高位的勾踢動作，應先以一種手法引開對手對上體的防護，為高位勾踢創造機會。擊踢後，才能使另一腿穩固地支撐身體平衡。兩手要隨時保持防守。

中位或向下的勾踢，都要小心地注視對手的變化，發腿時要緊縮身體，一來增強腿腳的勁力，二來準備著應付對手的還擊。

勾踢腿的練習方法：

1. 動作練習

- 練習開始前保持較好的精神狀態和拳樁姿勢；
- 理解動作的細節；
- 做分解動作，以利於正確地出腿和收腿；
- 由慢到快，使腿腳逐漸適應緊張的訓練；
- 從出腳到收腳流暢地完成動作；
- 利用腰、髖、膝的配合。

2. 器具練習

（1）沙袋

● 在沙袋上綁上一些繩子或麻布；

● 從高、低、上、下進行左右腿的勾踢練習；（圖 4-403、圖 4-404）

● 先做準確、快速的動作練習；

● 再進行力度的練習；

● 配合手法或其他腿法進行練習；

● 結合步法做移動發腿動作；

● 提高勾踢的技能；

● 磨練腳踝的硬度和承受力。

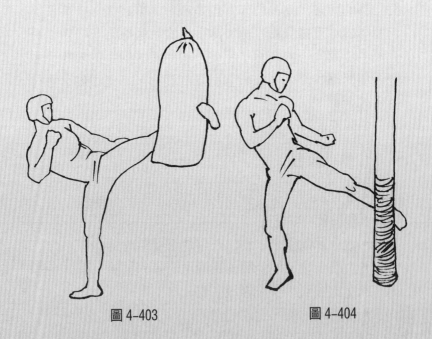

圖 4-403　　　　　　　　圖 4-404

3.對打

（1）閃身—勾踢腿

乙方上前，向甲方揮動拳臂攻擊；甲方迅速地向一側閃身，同時兩手下壓乙方的拳臂；乙方收式欲再動；甲方左腳碾轉，搶先於乙方動作，向一側閃身，緊跟著發出右腳勾踢乙方襠部或腹部。（圖4-405、圖4-406）

閃身後立即進行轉體勾踢腿，勾踢動作要快而猛，不讓對手逃避。

圖 4-405

圖 4-406

（2）勾踢破拳

乙方移動，發拳攻打甲方面門；甲方移位閃避，左手防護，右手格擋乙方拳臂，動作不停，旋身繞到乙方一側，兩手防護的同時，左腳踏地，右腳向乙方前腿猛然勾踢而出。（圖4-407、圖4-408）

面對對手的前腿勾踢，應在繞開對手攻勢後，立即快速還擊，以防對手變化招式。

圖4-407

圖4-408

（3）勾踢腿—踏踢腿

甲方從拳樁擰轉身勢，兩手防護，右腳突起向乙方下盤發動勾踢，踢擊乙方襠部；乙方穩定馬步，閃身後用右手壓擋甲方的攻擊腿；甲方不等乙方動作，右腿繞過乙方的防護手，向上猛力蹬踹乙方面門或頭頸部。（圖 4-409、圖 4-410）

勾踢腿為突然的誘擊法，以對付善於防守的對手，要在對手有一定反應後才能進行快速的蹬踢。

圖 4-409

圖 4-410

（4）左右勾踢腿

甲方晃動拳臂向乙方靠近；乙方加強上路的防守，甲方突然以右腿支撐身體，左腳向乙方前腿發出勾踢；乙方被踢而閃身欲動；甲方在乙方上提腿時快速移位，左腳踏進，右腿猛然揮起，搶先向上勾踢乙方頭頸部。（圖4-411、圖4-412）

左右勾踢是以左腳引開對手的注意力，右腿重踢對手，在對手的動作之前發腿搶攻要迅猛有力。

圖4-411

圖4-412

（5）勾踢腿破腿

乙方向甲方發動腿擊；甲方迅速反應，在乙方腿腳上提時跨步移動，左腳踏地，右腿向乙方所發之腿勾擊；乙方被勾擊，閃身欲收腿；甲方又向乙方落下的腿部勾踢。（圖4-413、圖4-414）

第一次的勾踢使得對手尚未發腿就被勾掛開，而第二次的連擊又使對手的身體平衡遭到破壞。

圖4-413

圖4-414

（6）摟腿—勾踢

甲方晃動兩拳向乙方靠近；乙方突然向甲方發出前蹬踹，擊踢甲方的胸腹部；甲方迅速調整步伐，看準乙方的攻勢，兩手緊摟扣住乙方攻擊的腿，並向一側拖拉，不讓乙方動作，接著進步發出左腿勾倒乙方。（圖4-415、圖4-416）

圖4-415

借助對手的攻擊腿時動作要快速、準確、及時，拖住其腿就要牢牢地控制住，不給其任何脫逃和還擊的機會。

圖4-416

五、旋身踢腿

由拳樁開始做旋身踢腿動作。身體重心移向左腿，左腳隨即碾轉地面，以左腳掌為支撐，快速將右腿旋身向後踢擊而出，左腿穩固身體的平衡，兩手有防護意識（圖4-417、圖4-418、圖4-419）；左腿旋身踢出與右腿相似，只是在旋身發腿前兩

腳迅速地調整姿勢（圖 4-420、圖 4-421）；無論哪一條腿先做踢擊動作，兩手始終有防守的意識，落腳後應迅速地穩定馬步。

圖 4-417　　　　　圖 4-418　　　　　圖 4-419

圖 4-420　　　　　　　　圖 4-421

【說明】

　　泰拳的旋身踢腿法在實戰中是發一腿攻擊落空所進行的補救腿擊法，有時也可以用來直接攻擊。由於這類腿法發腿的獨特性，對拳手的身體素質要求較高，實戰中這種腿法運用並不太多，多為戰術性攻擊。技術較好的拳手，可以在很好地控制身體平衡狀態下發出猛烈而有效的腿擊攻勢，給對手以沉重打擊。

　　旋身踢腿多以腳後跟或腳底進行攻擊，可以進行高低不同角度的踢打，而不是僅限於轉身踢打對手頭部為目標。

　　旋身踢腿除了以圖 4-422、圖 4-423 那樣進行左右腿的沙袋踢擊練習外，還可以做其他有效的練習，以補充腿法訓練的不足，使拳手得以更迅速地掌握腿法技術。

圖 4-422

圖 4-423

對打

（1）低掃腿—旋身踢腿

甲方晃動兩手向乙方靠近；乙方見甲方逼近，兩手嚴密地防守；甲方突然發出掃腿踢擊乙方的前腿膝部；乙方被踢而後撤，提膝準備還擊；甲方換勢，快速以兩腳的變化旋身向乙方頭頸部踢擊。（圖4-424、圖4-425、圖4-426）

準備以旋身腿法做突然襲擊，可先以一腿的佯攻造勢，引開對手對上路的防守，再行突襲對手。

圖 4-424

圖 4-425   圖 4-426

（２）側蹬踢腿—旋身踢腿

乙方揮拳向前移動並攻打甲方頭部；甲方並不向後退卻，而是在兩手防護的同時，左腳踏地，右腿向乙方右腿膝關節側蹬踹出，阻止乙方向前；乙方欲發腿還擊；甲方迅速調整步伐，旋身向乙方發出腿擊，勁力達於腳後跟，擊中乙方腹部或胸部。（圖4-427、圖4-428）

踩踏對手達到阻止其向前移動的目的，緊接著發動攻勢，使對手在缺少防範的情況下遭到腿擊。

圖4-427

圖4-428

六、割踢腿

　　由拳樁開始做割踢腿動作。右腿穩定身體，兩手呈防守姿勢，左腳由左向右側方勾掛踢出，呼氣發力，勁力達於腳背部，眼看發腿方向。（圖4-429、圖4-430）

圖4-429

圖4-430

　　【說明】
　　泰拳的割踢腿法與橫掃踢腿向下攻擊的方式有些近似，只是割踢腿法在發腿攻擊時腿稍向體側後擺，帶動小腿向前割掃踢出。

七、撩踢腿

由拳樁開始做撩踢腿動作。兩腳碾地，擰轉身體向右後轉動，右腿隨即支撐身體重心，同時左腿向身後方撩勾踢擊，呼氣發力，勁力達於腳後跟，眼看腿擊出方向。（圖 4-431、圖 4-432）

圖 4-431

圖 4-432

【說明】

泰拳的撩踢腿法和後掃踢腿的踢法有些相似，只是前者發腿踢擊時，以腳後跟撩勾對方襠部，屬於較危險的動作，因而在正式比賽中不允許使用，當面對歹徒時可以發後踢腿擊打，以解脫歹徒的糾纏。這類打法左右腿均可以使用。

八、擺踢腿

由拳椿開始做擺踢腿動作。兩手防護，右腿穩定身勢，左腿隨右腳的踏地勁力向左前方外擺踢出，左腿外擺呈弧形，順著左外擺的勁力迅速收腳恢復拳椿姿勢防守。（圖4-433、圖4-434）

圖4-433 　　　　　　　　　圖4-434

【說明】

泰拳的擺踢腿法和中國武術的外擺腿非常相似，只是泰拳的擺踢腿在向外側攻擊時是以腳甚至腿脛擺踢目標。它主要用來擺踢對手的胸腹或腰肋側。這種腿法的訓練和其他腿法一樣，可在基本的腿法技術基礎上做左右擺踢沙袋的練習，以提高腿擊的能力和堅韌性。

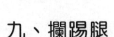

九、攔踢腿

由拳樁開始做攔踢腿動作。左腿支撐身體，右腳由後向前稍屈膝猛然踏踩而出，送髖配合踏踢的勁力，向前下發腿。（圖4-435、圖4-436）

圖4-435

圖4-436

【說明】

泰拳的攔踢腿和中國武術的攔門腿相似，主要用於攻踢對手的膝關節以下部位，阻止對手的前進或進攻。這種腿法也可以在適合的條件下進行左右腿踢擊。它的攻擊勁力較之其他腿法稍顯遜色。不過，運用這種腿法可以為其他的重踢引招或者直接發腿阻撓對手的進攻。

十、輔助腿法

泰拳除了以上腿法外，拳師們還根據擂臺比賽的經驗，創造了一些比較實用的腿招，這些腿招如果能夠把握好時機，其攻踢的威力也是較強的。使用這些腿招有時也能產生一招制敵的效果。

第四節　泰拳膝法

泰拳的膝擊法在泰語中被稱為「求」。泰拳拳手在經過嚴格的訓練後，可以從正面或側面不同的角度運用膝法的技巧，有時拳手還用膝腿的堅硬來格擋對方的腿腳進攻。泰拳的膝法多在近距離狀態下使用，偶爾在有利條件下也用作遠距離的猛烈的攻擊。

膝法的防守技巧在泰拳中有著不可忽視的作用。對於泰拳這種善於用腿攻擊的技擊術來講，更是要求拳手腿膝並用，來拆解對手的攻勢，或者阻擋對手向我方中路和下路的攻擊。拳手可以在以兩手嚴密防護上身的同時，面對對手的腿擊而採取提膝並配合馬步的運轉，破解對手的腿腳攻擊。

泰拳的膝法攻擊部位，多為擊撞對手的胸肋、胃脘、腰腹，或者發膝上撞對方頭頸部。特別是在與對手近距離搏擊或者糾纏摟抱時，膝法都會成為較好的攻擊法突襲對手身體的不同部位。有時也可以猛然發膝破壞對手的攻擊信心，使對手嚴重受挫招架不住而被擊敗。如果用膝法攻擊對方的腹腔神經叢時，由於勁力極強可使對手發生休克。

　　泰國有許多經歷多年的洗練而擅長膝法的拳師高手。特別值得一提的是 20 世紀 30 年代的拳師乃汪，他曾被稱為泰拳拳壇的「膝虎」。到了 50 年代又出了一位清邁府的拳師實攀，他的彎膝招法更是讓人稱絕。新一代拳師有綽號為「奔雷膝」的陌喃以及「璿冠拳王」阿侖等一批善用膝法的拳師。而到了 80 年代，被泰拳拳壇稱為「通天膝」的泰拳拳王狄西蓮，其膝擊招數更體現出驚人的強勁和兇狠。

　　泰拳的膝法中有一種被叫做「箍頸撞膝」的招數，可以說是泰拳拳手人人掌握的膝法之一。這類膝法技術是拳手在實戰中，由易勢兩手扣住對手的頸部，緊接著近身發膝向對手面門或胸部猛烈擊撞，對手若稍有不慎，則會被擊得兩眼昏花，甚至被膝撞至五官出血當場休克。

　　泰拳的膝法包括沖膝、彎膝、穿膝、紮膝和飛膝等基本膝技，由拳師們在實戰中自由發揮，還產生了花招膝法的攻擊技巧。

一、沖膝

(一)前沖膝

　　由拳樁開始做沖膝動作。兩手防護，左腳蹬地使身體重心後移，右腿穩固身體，左腿屈膝快速上抬，以膝鋒向前上猛然平行擊撞沖出，勁力達於膝鋒，呼氣發力，眼看前方（圖 4-437、圖 4-438、圖 4-439）；如果發出右腿動作，即左腿支撐身體平衡，發出右膝向前平行擊撞而出。（圖 4-440、圖 4-441）

圖 4-437

圖 4-438

圖 4-439

圖 4-440

圖 4-441

（二）側沖膝

由拳樁開始做側沖膝動作。兩手防護，右腿穩定身體重心，身體做一側轉動的同時，左膝向上抬，緊隨腰馬的勁力由體側向前衝撞而出，勁力達於膝鋒，呼氣發力，促使動作快速完成，眼看前方（圖4-442、圖4-443）；發右腿膝側撞時與左腿動作相反。（圖4-444、圖4-445）

圖4-442

圖4-443

圖4-444

圖4-445

(三)橫沖膝

由拳樁開始做橫沖膝動作。兩手防護，身體重心向右腿移動，右腿穩定身體，左腿屈膝上抬，同時配合腰髖的勁力由體側向前橫擊撞出（圖 4-446、圖 4-447）；發右膝向前橫撞時，以左腿支撐身體重心（圖 4-448），呼氣發力，勁力達於膝鋒，眼看前方，兩手可以隨膝向前的橫擊撞動作向前托出。

圖 4-446

圖 4-447

圖 4-448

（四）上沖膝

由拳樁開始做上沖膝動作。兩手防護，左腳稍蹬地，重心後移至右腿上，右腿在支撐身體的同時，左腿屈膝，以膝鋒勁力向上猛頂擊出，呼氣發力（圖 4-449）；右腿上沖膝動作和左腿相同，不同處是以後腿向前的上衝撞動作（圖 4-450），出膝後，眼看前方。

【說明】

沖膝是泰拳的基本膝擊技法。作為一種發膝攻擊法，沖膝可以說是用得最多的膝擊技巧。由於拳師們的不斷實踐，形成了沖膝以向前衝撞、橫衝撞、側衝撞和向上的衝撞攻擊技術。它可以隨拳手的發揮，在近距離和中距離的搏鬥中採取不同角度的攻擊。向前平行撞擊、側撞擊、橫

圖 4-449

圖 4-450

向的撞擊、向上的直頂撞擊等攻擊法。衝撞膝法在實際運用中大致分為兩種：在近身糾纏時，兩手扣抓對手頸部使勁托住，緊接著發膝向對手的胸腹、胃脘、腰肋、下頜等部位撞擊，這類打法在泰拳中被稱為「內圍膝撞招法」。還有一種情況是拳手進行近距離的攻擊，首先以兩手的招式開路或者做掩護，接著發膝從不同的角度頂撞對手，或者以出膝的小腿脛部擊撞對手。這樣做還有一個好處是可以防護對手的發膝，以膝格開對手的發腿攻擊。此種打法在泰拳中叫做「拋膝法」。

在泰拳的膝擊法中，向前的沖膝攻擊，一般多以攻撞對手的身體中盤為目標，或者用以解脫對手的反擊。發膝時，以一腿穩固支撐身體的平衡，另一腿緊接著發膝向目標撞擊。在可能的情況下，可以進行左右腿的連續發招攻擊。

側衝撞膝和向前沖膝的攻擊方式相同，只是屬於從對手的身體兩側做發膝的猛撞動作，撞刺或削弱對手的搏擊能力。

橫向的撞膝多數是在搏擊中向對手的中盤部位發動猛烈膝撞，擊退對手。

上頂撞膝是攻擊對手的面門、腰腹、襠部等部位的擊撞法。這種發膝攻擊方式在與對手纏鬥時，突然向上發膝，猛烈頂撞對手的身體各部位。

世界上其他搏擊比賽大都制定了一些規則，不允許膝法的使用，以防發生嚴重的傷害事故。但是作為泰拳的一個重要的組成部分，我們在這裏收錄了泰拳的一些膝法，讓拳手們在訓練中自由發揮。至於參加正式比賽，就要根

據實際情況來取捨了。

膝法和其他招法一樣，需要在發膝前保持身體某種程度的放鬆，並做好動作的準備。身體在發起攻擊前放鬆，有利於拳手在發招時能夠快速靈活的反應，不過這些都需要經過長期艱苦的訓練才能形成。

膝招發出時要具備一發即收的能力，並能做到使自己的身體與心靈達到高度的協調，以便發揮出最高水準，使自己在紛繁複雜的招法中，最終達到精練、合理，具有實戰效果。這是泰拳追求的最高境界，也是熟練地運用泰拳技巧的一種昇華。

膝法的練習方法：

1. 膝法基本頂撞勁力的鋒面

●膝法動作和其他招法一樣，要有合理的攻撞接觸力點；（圖 4-451）

●從發招的方法上分為四個力點接觸鋒面；

●正面上、下兩鋒面，側面左、右兩鋒面；

●正面是向前的直撞和中平行撞膝法發力接觸面；

●側面是以向左右兩側發膝用勁接觸面。

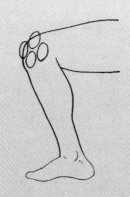

圖 4-451

2. 動作練習

- 先進行較慢的各種角度的衝撞膝法練習；
- 由慢到快的衝撞膝法動作；
- 掌握各種發膝動作的細節；
- 明確發膝的各種角度路線；
- 連貫快速地完成各種衝撞膝法；
- 合理利用腰腹的力量；
- 兩手合理地配合發膝動作；
- 做向四周移動的發膝練習；
- 配合步法的練習；
- 在基本的準確動作的基礎上，提高撞膝的力度和速度；
- 再進行左右腿的連環發衝撞膝的動作練習；
- 培養堅毅的意志，提高訓練的耐心。

3. 器具練習

（1）沙袋
- 掌握正確的膝法技術後開始進行膝擊沙袋練習；
- 從正面、側面不同的角度用膝擊撞沙袋；（圖 4-452、圖 4-453）
- 也可以用兩手托住沙袋，用力以膝擊撞沙袋；
- 配合拳法或其他技術練習膝技；
- 每一次的擊撞動作都要正確；
- 逐漸提高膝擊的力度；
- 兩膝不斷地進行訓練；

圖 4-452   圖 4-453

● 如果不用手托沙袋，就要全力膝撞沙袋；

● 把握技術練習的角度和距離感；

● 隨著沙袋練習的進步，可以配合擰轉腰身的動作練

習。

● 配合呼氣發力。

4. 對打

（1）前衝撞膝

甲方以拳樁防守姿勢向乙方推進；乙方在甲方靠近時，移步發右手重拳攻擊甲方頭部；甲方停止向前，迅速上抬左手拳臂格擋乙方的拳勢，不等乙方變化收式，緊接著右腿支撐身體，左腿屈膝，猛然向乙方腹部衝撞而出。

（圖 4-454、圖 4-455）

　　向對方逼近，迫使其招式發生變化，在對手發招攻擊時，乘其尚未收式，近身發動膝攻猛擊對手，使對手尚未轉入防守狀態已遭受打擊。

圖 4-454

圖 4-455

（２）側撞膝

乙方在甲方未動時，向前移步發出右腿掃踢甲方腰肋部；甲方在乙方迫近時，看準乙方動作，上前一步發出右膝向乙方踢出的右腿擊撞；乙方遭受甲方的突然還擊而準備收腳；甲方緊接著以左腳穩固支撐，右膝隨腰髖的擰轉側沖向乙方腹部或腰肋部。（圖4-456、圖4-457）

同一側的腿膝格開對手的攻勢後，進行還擊時要準確地控制身體平衡，緊接著快速地發動攻擊，以防對手變招。

圖4-456

圖4-457

（3）閃身撞膝

雙方對峙。甲方準備向乙方逼近；乙方趁甲方向前移步時，向前發出右手拳擊打甲方頭部；甲方注視乙方的拳勢，兩腳調整身體，同時向一側閃身躲過乙方的拳招，不等乙方收式，向前移步挺身，發出右膝衝撞乙方腰腹部，兩手擒住乙方右手拳臂。（圖4-458、圖4-459）

閃身進行攻擊要看準對手的攻勢，以作出準確的判斷，乘對手發招後進身並快速發動攻擊，使得對手措手不及而被擊。

圖4-458

圖4-459

（4）上頂撞膝

乙方發動攻勢向甲方逼近，在接近甲方時發出右手拳擺擊；甲方看準乙方攻勢，迅速下潛身勢躲避乙方右手拳，不等乙方收式，緊接著移動兩腳向其衝過去，兩手防護或扣住乙方頭頸，右腿屈膝猛力上頂乙方腹部。（圖4-460、圖4-461）

下蹲身勢躲閃對手拳招要準確、及時，並在對手尚未收式時猛然挺身發動攻勢，令對手來不及做出防守。

圖4-460

圖4-461

（5）拉背頂膝

甲方發出左手拳向乙方攻擊；乙方同時發出左手拳迎擊；甲方趁機屈左手拳臂格擋乙方左手臂，緊接著不等乙方收回左手拳臂，向前進身，順勢以左手拉扣乙方背部，右腳在支撐身體重心的同時，左腿屈膝向乙方腹部頂撞。（圖4-462、圖4-463）

以不太大的動作閃避對手的攻勢，快速進入反擊，趁對手發招露出的身體空檔近身發動攻擊。

圖4-462

圖4-463

（6）拉頸頂膝

乙方向甲方逼近；甲方發出右手拳攻打乙方面門；乙方屈左手拳臂格擋甲方右手拳臂；甲方以右手滑過乙方左手臂拉住其頭頸部，兩腳迅速調整身勢，發出右膝上衝撞乙方腹部，攻勢不停，右腿一落下，左腿屈膝上衝撞乙方腰腹部。（圖 4-464、圖 4-465、圖 4-466）

圖 4-464

圖 4-465

圖 4-466

左右腿發膝攻擊對手，攻勢要準確快速，並形成連擊攻勢，擊退對手。

二、彎膝

由拳樁開始做彎膝動作。兩手防護，右腿隨腳的踏地穩定身體，重心移向右腿，左膝上抬，可稍偏於身側後方，快速向身體前上方彎月形撞擊而出，勁力達於膝鋒，擰轉腰髖送胯發出左膝（圖 4–467、圖 4–468、圖 4–469）；右腿發膝彎月形撞出與左腿動作相同，不同處是右腿從身後向前發出動作，

圖 4–467

圖 4–468

圖 4–469

擰轉腰髖動作幅度稍大些。（圖 4–470、圖 4–471）

【說明】

泰拳的彎膝是極具獨特攻擊效果的膝擊法，也是極具藝術性的技擊法，是泰拳所獨有的膝擊招數。

彎膝技法和一般的發膝攻擊方法不太相同，它不是直線的攻撞或斜線形的攻撞，而是從側方揚起腿膝成半月形向目標撞擊而出，因此也被叫做「彎月膝法」。這類膝擊法在近身或直接發動遠距離的攻膝，只要動作準確，常可一招擊倒對手，發向上的高彎膝擊可以攻撞對手的頭、面門、頜側、胸腹等部位。

彎膝擊法在運用時，可以以一腿支撐身體重心，另一腿重撞對手，上身稍許屈收，然後順腿膝的擺動弧形擊出，兩手也可以配合腿膝動作做摟抱的手法，以在近身搏鬥中加強膝撞的威力。

圖 4–470　　　　　　　圖 4–471

　　彎膝攻擊的另一種有效的方法是在以直沖膝法攻擊未能奏效而對手已兩手屈肘防護時，迅速地變勢發出彎膝招數，猛力擊撞對手腰腹側或上路目標，擊破對手的防守。

　　彎膝的攻撞勁力剛猛有力，但是運用難度較大，發膝攻撞的用力和攻擊的焦點不易掌握，尤其是對對手上路的攻擊，對自身的身體平衡能力要求較高，發膝時對時間和準確性的控制要求非常精確，才有可能自如運用，立竿見影。

　　拳手要掌握彎膝技術，必須進行左右腿膝的空招練習，直至能把動作順暢地完成，然後再做攻撞沙袋的練習，使膝法技術逐步提高。

　　彎膝的練習方法：

1. 動作練習

● 動作前保持最大限度的準備發彎膝的拳樁姿勢；

● 掌握發膝的細節，可做扶樹或其他物體的發膝練習；

● 先分解動作進行練習，再綜合練習，由慢到快；

● 不能只顧追求效果，從而形成動作的一些不必要的緊張、僵硬等；

● 用心體會發膝和身體各部位配合時的微妙感覺；

● 多做側壓腿、髖的柔韌練習，提高髖關節的活動性；

● 追求動作的協調和平衡；

● 身心合一。

2. 器具練習

沙袋：

● 先以兩手摟抱沙袋做發膝撞擊練習；

● 再做左右腿發膝的撞擊沙袋練習；（圖 4-472、圖 4-473）

● 手法和發膝配合擊打練習；

● 每一次擊打都應有力地進行，以提高撞膝的勁力和硬度；

● 提高彎膝擊撞的準確性；

● 配合步法做發膝動作練習。

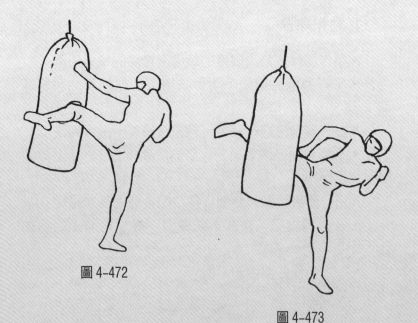

圖 4-472

圖 4-473

3. 對打

（1）彎膝攻擊

甲方保持防守；乙方突然跨步向前，以左拳攻打甲方面部；甲方迅速地向一側閃身躲避乙方的拳擊，不等乙方收手，右腳蹬地向前，右腿支撐身體，左腿屈膝，猛力向上發彎膝撞擊乙方胸部。（圖4-474、圖4-475）

閃身躲開對手的攻勢，立即發動向上的膝攻，在可能的情況下，還可以向前衝破對手的防護，騰身發出彎膝攻撞，給對手致命一擊。

圖4-474

圖4-475

（2）右腿彎膝攻擊

乙方在防守狀態下突然發出右腿掃踢甲方腰身；甲方迅速移動，兩手臂格擋乙方的攻擊腿，削弱乙方的腿擊勁力，接著不等乙方收腳，甲方向前突進一步，左腿穩固身體，右腿猛發彎膝攻撞乙方胸腹部。（圖 4-476、圖 4-477）

格擋對手攻擊腿要準確有效，進身發動膝法要快速，並能預知對手的變化。

圖 4-476

圖 4-477

三、紮膝

由拳樁開始做紮膝動作。右腿穩定身勢，身體重心向右腿移動，左腿屈膝，隨著身體重心的移動向前快速擊撞，勁力達於膝鋒或者膝與大腿的正面，兩手配合發膝前撞托出胸前，眼看前方（圖4-478、圖4-479）；右腿紮膝與左腿動作相同，只是從後腿向前做發膝動作（圖4-480）；完成發膝動作後，借腿膝的彈性順勢快速收腳恢復拳樁防守姿勢。

【說明】

泰拳的紮膝主要用於近身搏擊中，在與對手糾纏不下、運用直沖膝或彎膝攻擊達不到效果時，可以掌握機

圖4-478

圖4-479

圖4-480

會，提膝直撞對手大腿肌肉或者大腿根部位，常可擊破對手的招式。在泰拳中，「紮」的含義是用力擠進去之意，也就是以膝鋒為力點，向對手攻膝進入中門，攻擊或破解對手的招數。

紮膝和其他膝法一樣，需要進行空招發膝練習，然後進行擊撞沙袋的練習，磨練膝法的準確性、力量和韌性。

對打：

（1）紮膝攻擊

甲方保持防守姿勢，注視乙方的變化；乙方突然調整姿勢，發出右拳攻打甲方頭部；甲方看準乙方攻勢，閃步快速地移動，不等乙方收手，立即向乙方逼近，左手扣住乙方頸部，右手防護，隨右腳的踏地勁力，左腿屈膝向乙方腿根部撞擊而出。（圖 4-481、圖 4-482）

切入對手中門是發紮膝攻擊或還擊的較好方法。在攻擊時一定要密切注意對手的動作變化。

圖 4-481　　　　　　　圖 4-482

（2）格擋——紮膝

乙方迅速地擰轉身體，發出右腿掃踢甲方；甲方及時反應並調整步伐，兩手防護，右腿迅速上抬格擋乙方的右腿，乙方掃腿被甲方格開，開始收式；甲方在乙方落腳時，兩手隨身體的前衝摟住乙方頭頸部，右腿發膝猛力向乙方襠部擊撞。（圖4-483、圖4-484）

格擋對手的腿擊，要注意削弱對手的腿擊勁力，然後立即快速地發膝反擊。

圖4-483

圖4-484

四、擺膝

由拳椿開始做擺膝動作。身體重心後移至右腿，左腿屈膝上抬，向體外側擺擊而出，勁力達於膝鋒或側膝鋒，兩手防護，眼看發膝處（圖4-485、圖4-486）；右腿擺膝動作與左腿動作相同（圖4-487）；收腿應隨發膝的慣性快速將腿腳收回恢復拳椿防守。

【說明】

泰拳的擺膝是一種主要用於防守的膝法，它以防守為主，然後可以配合其他膝法進行反擊。

擺膝運用熟練後，可以從左右腿發膝攻撞對手的攻擊腿，或者向內外擺撞對手的膝腿。

圖4-485

圖4-486

圖4-487

對打：

擺膝——蹬腿

搏鬥中乙方發出左腿掃踢甲方腰肋部；甲方迅速地移動，左腿支撐身體的同時，右膝向上外擺撞乙方的左腿，以削減乙方的攻擊力；乙方攻腿被擋撞，準備收腿；甲方在乙方收腿時，快速地由擺膝動作發出向前的蹬腿踢踹乙方的臀部或腰肋部。（圖 4-488、圖 4-489）

格擋要及時，變招蹬踢要快速準確。

圖 4-488

圖 4-489

五、穿膝

由拳樁開始做穿膝動作。右腿穩固身體,身體重心向右腿移動,左腿屈膝,隨右腳踏地的勁力向前猛然衝出,兩手配合做向前托的防守動作,眼看發膝處(圖4-490、圖4-491);右腿穿膝動作與左腿動作相同,只是從後腿發出動作(圖4-492)。收腳時迅速落地恢復拳樁防守。

圖 4-490

圖 4-491

圖 4-492

【說明】

穿膝法是泰拳特有的一種膝法，但它不能完全作為一種膝法來看待，實際上屬於一種連削帶打的膝招。這類膝招與其他膝法不同，它是運用發膝動作直撞或阻撞對手的發腿攻踢，並以兩手動作配合，以利於快速地進行反擊或還擊，也就是一種以攻止攻的非常巧妙的技法。

對打：

甲方準備移動；乙方先發腿踢擊甲方下肢；甲方迅速向一側閃身，右腳踏地，左腿上提屈膝穿撞乙方攻擊的右腿，阻止乙方的攻勢，擊痛乙方的腿部肌肉，兩手防護。（圖4-493、圖4-494）

穿膝動作要快速、準確，適時而發，達到以攻止攻的目的，然後進入反擊。

圖 4-493

圖 4-494

六、飛膝

(一)單飛膝

由拳樁開始做單飛膝動作。兩腿調整姿勢，身體重心上提，右腳蹬地，左腿彈起騰身向前方撞出，勁力達於膝鋒，眼看前方（圖4-495、圖4-496、圖4-497）；左腿落下，右腿屈膝向前飛撞而出（圖4-498）；隨後迅速落勢，恢復馬步。

圖4-495

圖4-496

圖4-497

圖4-498

（二）雙飛膝

由拳椿開始做雙飛膝動作。兩腿調整姿勢，身體重心上提，右腳蹬地，左腿彈起，挺身向前方撞出，右腿緊跟著發出與左腿相同的向前騰身撞擊（圖 4–499、圖 4–500）；眼看前方，兩腳落地後迅速恢復馬步防守。

【說明】

泰拳的飛膝技法屬於遠距離發膝攻擊的技術，是所有膝法中唯一從遠距離進行攻擊的膝法。這種膝法本身的攻擊力極強，再加上拳手身體的重量和向前的飛身沖勁，使飛膝攻擊的勁力更加強勁。當然，只有在確有把握攻撞到目標的前提下，才可能產生一招擊倒對手的作用。

飛膝的運用要求兩腿有良好的彈跳力，以利於騰身攻擊。拳手有對時間、距離的準確把握能力，飛膝攻擊的效

圖 4–499

圖 4–500

果就會十分美妙。飛膝的攻擊時機，一般多在對手體力不支或者正在敗退的時候，此時一飛膝攻擊，攻擊效果最佳。

　　飛膝主要攻擊對手的面門、胸部或心窩等部位。它的練習法同其他膝法的練習法一樣，從基本的單腿發膝到基本的雙腿發膝練習，然後過渡到以膝法撞擊沙袋的練習，進一步提高單膝和雙飛膝法的技能。

　　對打：

　　（1）飛膝破拳

　　甲方以拳樁防守並開始移動；乙方突然向前發出右拳攻打甲方面門；甲方以拳樁閃身躲避乙方的拳臂，接著調整兩腳步伐，兩手防護，左腳蹬地，右腿猛然發膝，隨身體的騰起向乙方面門撞出。（圖4-501、圖4-502）

　　閃身利用馬步的彈勁突然向對手躍起發動膝撞，使對手無法變招迎擊或還擊這種飛膝攻擊。

圖4-501　　　　　　　　　　圖4-502

（2）雙飛膝攻擊

乙方持兩拳向甲方逼進；甲方在乙方欲出招時，判斷好距離阻止乙方發動攻勢，接著兩腳彈起，看準乙方虛位，猛然以雙膝飛撞乙方胸部或頭部。（圖4-503、圖4-504）

把握進攻的時機，準確地發雙膝飛撞對手，擊出後迅速地兩腳落地保持防守姿勢。

圖4-503

圖4-504

第五節 泰拳摔法

泰拳的摔法屬於一種綜合性的搏擊方法。它和中國武術散打的摔法相比較,顯得過於簡單,動作招數大多比較直接簡練。

運用泰拳的摔法,應先對一些基本技術有所瞭解和掌握,達到能夠靈活運用的程度,在實戰中才能得到充分發揮。如果實施不當可能產生相反的結果,還會受到對手的近身攻擊。

真正運用摔法,不一定非要拼勁鬥狠,而是迅速地進身靠近對手,又不與對手產生糾纏和扭抱,一般先封住對手的腿腳,控制對手,接著以肩、肘、臀、胯、掌、膝為支點,運用一些反關節或擒鎖的技術,把對手猛然摔出。泰拳的摔技動作的實施也要求快速進行,不給對手還擊的機會。

泰拳中也有類似中國武術的擒鎖技法,不過招法較少,在實戰中也較少使用。

泰拳的摔法講究掌握恰當的進身時機,抓住這種時機的能力,需要在平日的持久訓練中獲得良好的判斷能力和距離的感覺能力。進身的時機還應配合運足法的閃展騰挪。在實戰中,無論對手使用何種拳腿招數,拳手都要在保持基本的拳樁姿勢基礎上採取運足法,始終處在與對手攻擊鋒芒較近的距離,緊接著運用進身摔技進攻。

在泰拳中沒有關於摔法的較詳細的訓練方法,拳手一般是掌握幾個常用的摔法招式,然後進行反覆操練,直至運用靈活自如。

一、基本摔技

基本摔技是泰拳常用摔法的基礎知識,在此作一大致介紹。

(一)挾頭挑腿摔法

挾頭挑腿的摔法是在對手發拳攻擊時拳手所採取的一種摔法。它是在對手攻擊時,拳手以一手格擋,一手挾住對手的頭頸,進身腿攻對手的防守中門,以腿和手同時動作摔倒對手。

(二)背摔法

泰拳的背摔法用於與對手糾纏中拳和腿都不能發揮較大打擊力時所迅速發動的一種摔法。實戰中,背摔法有兩種運用方法:一種是與對手抱在一起時形成的挾頸背摔法,它以一手防護,一手挾抱對手頸部做過背摔動作;另一種是一手向對手的一側腋下插入,將對手上摔所形成的過背摔摔法。

(三)抱腰摔法

抱腰摔法在泰拳中也叫「抱腰折」法,它是在與對手纏抱在一起時,拳手兩手抱住對手的腰部,或者同時連對手的背部和雙臂一併抱住,以頭部向前迫使對手向後倒的一種摔法。運用中,拳手以自己的身體和兩臂緊抱對手腰部時,形成的是「靠」;以頭部向前迫使對手後倒,泰拳中稱「折」。

（四）別法

別法是拳手與對手摟抱中一腳在前、一腳在後，兩手扣住對手的頸部或捧對手的手臂，加上髖胯的勁力，用一腿絆對手的支撐腿，向另一個方向扭轉，使對手被迫形成槓杆而摔倒於地。

（五）接單腿摔法

泰拳的接腿摔法也叫抄腿或抱單腿摔技法。這類摔法在泰拳中是運用較多的摔法，主要用於防守反擊，阻擊對手的腿擊招數。

（六）雙抱腿摔法

抱雙腿的摔法比較複雜，而從效果上，它比其他一些摔法的成功率更高。抱雙腿是在與對手的糾纏中伺機以兩手採取不同的方法將對手的兩腿抄抱起來，瞬間摔倒對手。

雙抱腿有好幾種摔法，既可以在適宜的條件下直接實施摔法，也可以在反擊中突然施摔。

泰拳的摔法是在搏擊中戰勝對手的重要技法之一。它和中國武術的單純摔跤有一些不同。泰拳的摔法多是在與對手拳打腳踢的交錯中發生的，拳手應當把握時機，用最短的時間和簡單直接的摔法動作快速施摔，將對手摔倒於地。此外，泰拳在運用摔法未能達到既定目標時，可以緊跟著發出肘、膝動作，讓對手防不勝防。

二、泰拳摔法

泰拳的摔法中收錄了泰拳中常用的有效的摔法。摔法運用的首要條件是如何在搏擊中創造出適合摔法使用的條件和狀況，如果不是這樣，可能還不如採用拳擊或腿踢的攻擊效果好。摔法運用得好，能夠摧毀對手的搏擊信心，實戰中又能很好地消耗對手的體力和耐力。泰拳摔法作為一種綜合運用的技術，在實戰中如何充分地發揮出其突出功能，前提就是拳手對泰拳的基本拳藝掌握得如何。

（一）抱頸摔

甲方把握時機，以一手突然抱住乙方頭頸部，一腿支撐身體，一腿向乙方發膝抵住其腰後部，抱住乙方的手和抵膝的腿同時猛然發力，向左側身體快速下按和屈壓，迫使乙方被擒摔倒地。（圖 4-505、圖 4-506、圖 4-507）

圖 4-505　　　　　　　　　圖 4-506

抱頸摔法比較適合身材較高的拳手。這種摔法可以在拳或腿的掩護進攻下實施，是泰拳近戰搏擊中比較實用的一種摔技。運用這類摔法時，一手和一腿做動作，另一手和一腿起輔助作用。抱住對手的身體後，一腿的大腿可以緊貼對手的腰肋部，在可能的條件下也可用腳勾掛對手的襠部，快速地旋身將對手摔倒。

圖 4-507

（二）前臂格摔

乙方發腿攻擊甲方；甲方以嚴密的兩手防護格擋乙方的攻擊腿，削弱乙方腿攻擊的勁力，接著甲方左腿穩定身勢，右腿隨著兩手的動作擰腰向乙方支撐腿發力掃踢，擊倒乙方。（圖 4-508、圖 4-509）

以前臂格擋對手的攻勢，突然施摔反擊是泰拳拳手常用的招數。這種摔技要求手和腿緊密配合，猛然發力，一氣呵成完成摔法。

（三）後臂格摔

乙方突然發腿掃踢甲方頭部；甲方在接近乙方的同時，向下快速閃身躲過乙方攻擊腿後，兩手先行防護，接著向乙方逼近，左腿屈膝支撐身體，右腿突然掃踢乙方支撐腿，右上臂猛然發力格阻乙方發出的右腿，在掃踢時右手向乙方揮動，擊倒乙方。（圖 4-510、圖 4-511）

圖 4-508

圖 4-509

圖 4-510

圖 4-511

以後上臂阻截對手的攻勢，乘機發動腿踢和手臂的揮托勁力，擊摔倒對手。這種摔法多是在右手有了較大活動空間和能接觸到對手身體時使用。

(四)抱腰摔

乙方準備發動攻勢；甲方迅速做出反應，閃步移動於乙方體側，快速接近乙方形成近身糾纏，兩腿蓄勁，兩手叉開防護，緊抱乙方腰腹部，向後猛然發力摔倒乙方（圖4-512、圖4-513）。或者進行側向進身時，緊抱乙方，使其從腰側方被猛烈摔倒。（圖4-514）

圖4-512

圖4-513

圖4-514

在泰拳搏擊比賽中，時常會發生雙方相互摟抱的情況，在恰當的時機實施抱腰摔會令對手防守不及。在近身纏鬥中，用抱腰方法還可以預防對手以肘膝發出攻擊，或者自己一時無法發出肘膝的攻擊時，用抱腰的摔法反擊。

(五)捨身摔

乙方突然發動攻勢，向甲方猛然沖過；甲方來不及以拳腳反擊，可在乙方撲過來時，兩腿穩固，兩手臂向乙方托過去，順勢後仰，兩手托舉乙方腰肋部，使乙方向身後傾跌倒地。（圖 4-515、圖 4-516）

捨身的摔法，是在防禦對手的突然襲擊後來不及防守時所採用的技法。使對手被突然地摔跌於一側。捨身摔法要會利用對手的攻擊勁力，順勢而為地摔倒對手。

圖 4-515

圖 4-516

(六) 穿腹過背摔

甲方在移動防守時，乙方移步向甲方發動攻擊，逼近甲方；甲方發腿側截；乙方收手；甲方緊接著換步，切入乙方體前，右手防護，左手穿過乙方手下扣住其左手臂，同時快速地轉身，借身體的擰轉勁力將乙方摔倒於地。（圖4-517、圖4-518）

穿腹過背摔法是在與對手糾纏中或摟抱時突然發生的摔法。這類摔法有時可以對付對手的拳腿進攻，在迅速的進身動作中發動摔法將對手突然摔倒，使對手無法做出及時反應。

圖4-517

圖4-518

（七）擒腳推摔

甲方向乙方移動；乙方見甲方向前靠近，迅速地發出左腿踢擊甲方；甲方看準乙方的腿踢攻勢，兩腿調整身勢，右手快速向乙方的攻擊腿腳踝猛抓，在乙方後閃身時，左手猛然向乙方推擊，使乙方向後摔倒於地。（圖4-519、圖4-520）

在對手發動腿擊時，其腿招動作還較遠，可以抓擒對手的腳踝，不使對手移動，然後以一手猛然發勁擊推對手，迫使對手向後仰身倒地。一般情況下，抓握對手的攻擊腿並不容易，只有在準確地判斷雙方的距離的條件下才有可能。

圖 4-519

圖 4-520

（八）抱膝推摔

乙方移步向甲方逼近並發出右腿攻踢；甲方看準乙方的踢腿，迅速向前迎去，一手防護，一手格擋乙方的踢腿，削減乙方的腿擊勁力，乘勢向前一手抱住乙方的腿膝部，在乙方腿膝屈曲時，猛然發力向乙方推出，乙方被迫向身後倒地。（圖 4-521、圖 4-522、圖 4-523）

抱膝推摔是在擒腳推摔基礎上進一步發起的攻摔法，它要求在施摔時兩手抱住對手的腿膝，不使對手逃脫或變為膝擊動作。

圖 4-521

圖 4-522

圖 4–522

（九）抗腿摔

甲方拳樁運足；乙方突然起腿攻踢甲方頭部；甲方瞅準空隙向乙方切入，左臂肩擋住乙方攻踢的腿部，接著猛力向上發力抗抬，在乙方身體搖晃的同時，接著發右蹬腿蹬踹或掃擊乙方的支撐腿，迫使乙方仰身倒地。（圖 4–524、圖 4–525、圖 4–526）

圖 4–524

圖 4-525　　　　　　　　　　圖 4-526

　　做抗腿摔一定要把握好時機，以防對手逃脫或變勢攻擊。這類打法，一般是對付高位發腿攻踢的對手。有時，以抗摔的動作兇猛地向對手衝過去，可使對手全身騰空並向後摔倒。

（十）勾腳摔

　　乙方移步向甲方發拳攻擊；甲方迅速地以右手防護，左手屈臂格擋，向外撥開乙方的拳臂，接著不等乙方動作，向乙方轉身靠近，右腿插入乙方中門，以小腿和腳跟勾擊踢其左腿部，右手抱住乙方腰部，向前方猛然發力推動，迫使乙方失去身體重心而向後倒地。（圖 4-527、圖 4-528）

　　一手撥開對手的拳臂，一腿切入對手的兩腿之間時，右手抱的動作要和其他動作同時進行，才能有效地破壞對手的身體重心。

圖 4–527

圖 4–528

(十一)接腿勾摔

　　乙方在甲方尚未發招時，先出腿彈踢攻擊；甲方側身
後閃，下落身勢，上身緊接著側傾，左手發出外勾動作，
勾抓乙方攻擊的腿腳，接著換步向乙方靠近，右手防護，
左手不放，左腿向乙方支撐腿發出猛力踢掃，左手同時用
力地向乙方推擊，迫
使乙方向後跌倒。
（圖 4–529、圖 4–
530、圖 4–531）

圖 4–529

圖 4-530　　　　　　　圖 4-531

　　低位勾住對手的腿腳，要把握時機，可以在勾住對手的同時，以肩或髖撞擊對手的胸腹部，增加攻擊的勁力。

(十二)接腿擰摔

　　甲方處在防守狀態；乙方上步發出右腿攻擊蹬踹甲方腰腹部；甲方換步閃身，左右手上下摟抱住乙方的攻擊腿腳，同時不讓對手做動作，兩手擰向外，使乙方腿腳被扭轉，接著一手托住乙方膝部，兩手用力推舉乙方腿腳，以左腿勾踢乙方支撐腿或左腳跟部，擊倒乙方。（圖 4-532、圖 4-533）

　　無論採用哪一種接腿法，動作都要準確、快速，以防對手變化招勢攻擊。施用摔法時，動作上下一起用力。

(十三)接腿擊摔

　　乙方用右腿攻踢甲方腹部；甲方閃身避開乙方腿腳的勁力，右手從上、左手從下配合將乙方腿腳控制住，隨著

圖 4-532   圖 4-533

移動，甲方兩腳調整身勢，發勁把乙方腿腳撐翻，接著右
腿支撐身體，左腿屈膝上抬撞擊乙方右腿彎或膝關節，令
乙方痛苦倒地。（圖 4-534、圖 4-535、圖 4-536）

圖 4-534

圖 4-535

圖 4-536

接腿法有高低兩種，無論採用哪一種，做接腿動作都是不太容易的。這種技法要經過平日的反覆練習，才能逐步掌握。接腿法運用自如時，在實戰中可以奪取搏擊的主動權。

第五章

泰拳的相關訓練問題

泰拳的訓練，由於各位拳師的訓練方法有所不同，因而顯得各具特色。然而各地府派的師傅授徒，基本上都是以循序漸進為原則，沒有什麼所謂的捷徑，全憑拳手的艱苦磨練。

運動的訓練可以促進身心的健康。但是作為泰拳這種強負荷的技擊訓練方法，連續進行劇烈的運動，會降低拳手的免疫力，導致一些疾病。特別是泰拳一些著名的拳師，經常進行超強負荷的訓練，甚至帶傷訓練，因而高壽者甚少。不過作為一代泰拳名師，把這一切視作身外之物，加上他們信佛，使得他們不太在乎這些了。故而提醒初學泰拳的愛好者，最好一開始就以正確的方法指導自己的訓練，急於求成只會埋下惡果。

前面一些章節介紹了泰拳的主要技法內容，在這一章裏將介紹一些與技法訓練密切相關的基本功夫訓練的問題。

第一節　泰拳的練功方法

泰拳的技藝發揮離不開基本功夫的堅實和牢固。如何將泰拳技藝的潛能發揮到最高的水準，不僅是一般的學習技法的問題，而是要能夠結合其他有益的基本功夫訓練方

法，才能使泰拳技藝充分體現出來。

在所有練功方法中要特別強調身體素質訓練法，它包括力量、耐力、靈敏、柔韌、技能、抗擊力、硬度等等方面的訓練。

在練功時泰拳講究不畏艱苦、就地取材、循序漸進、注重實效、修心勵志等方面的基本要求，以訓練拳手的泰拳水準，培養拳手的實戰搏擊水準。

一、力量訓練

泰拳中除了徒手的力量訓練外，最多的就是利用擊打沙袋提高拳腳的打踢勁力。

力量訓練可以從身體的不同部位開始訓練，全面增強身體的力量素質。

1. 頭頸部肌群練習

（1）背橋

兩腳分開站立，身體向後反弓成橋形狀，兩手置於胸部，頭頸肌肉屈緊（圖5-1）；再做相反的動作，兩手置於背後，身體向前成橋形。（圖5-2）

圖5-1　　　　　　　　　　圖5-2

開始做這類練習，最好做一些頭頸部的準備動作，以防撐傷頸肌群。為了增強練習的效果，腹部或臀部可以在做動作時負重加物練習。

（2）負物對抗

拳手可以用長條毛巾或帶子之類的物體，一頭掛物固定，繞在拳手的前額，使自己的頭部向前做屈伸動作。（圖5-3）

練習中上身不動，以頭部前屈對抗毛巾的力量，使頸部肌肉得到鍛鍊。

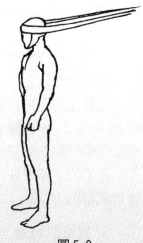

圖5-3

2. 前上臂肌群練習

（1）手持槓鈴

兩腳分開站立，半蹲姿勢，兩臂屈肘前伸持槓鈴，有節奏地進行上下的旋動（圖5-4），上身不動，僅以前臂動作。

圖5-4

鍛鍊前臂肌群和手腕的力量。

（2）手持啞鈴

兩腳分開站立，半蹲姿勢，以一手臂屈肘前伸持啞鈴，有節奏地進行上下的旋動（圖5-5），接著換另一手練習。

持啞鈴主要鍛鍊肱二頭肌和前臂肌群的力量。

圖5-5

3. 肩背肌群練習

（1）平舉啞鈴

兩腳自然站立，兩手各握一啞鈴垂於體側，接著兩臂伸直從身側上平舉，動作可快上慢下，然後還原成開始姿勢。（圖5-6）

圖5-6

鍛鍊發展三角肌和斜方肌群的力量。

（2）屈身側平舉啞鈴

兩腳自然站立，兩手各握一啞鈴垂於體側，上身向前屈平，兩臂伸直慢速向兩側平舉出，然後還原。（圖5-7）

圖5-7

兩手在動作時不能借助舉動的慣性，鍛鍊三角肌、斜方肌、背闊肌、肱三頭肌等肌群的力量。

（3）肩負槓鈴屈體

兩腳自然分開站立，兩手正握槓鈴，上身挺直，然後慢慢前傾屈上身，上身屈平後，還原，再動作。（圖5-8、圖5-9）

圖5-8

圖5-9

負重屈伸動作鍛鍊和發展骶棘肌、腹肌和臀大肌。

4.胸部肌群練習

仰臥持啞鈴擴胸：

仰臥在一墊子上或其他適宜的器具上，兩腿可屈膝固定身體，兩手各持一啞鈴，向身體兩側伸出，然後向上舉到胸前上方，再還原動作。（圖5-10、圖5-11）

發展和鍛鍊胸大肌和三角肌。

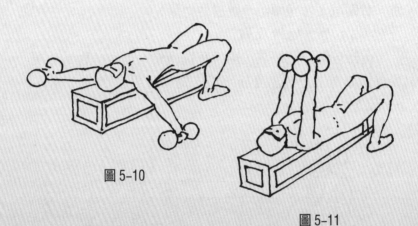

圖5-10

圖5-11

5.腹部肌群練習

懸吊舉腿：

兩手握單槓，間距與肩同寬或稍寬，兩臂伸展，身體自然下垂，接著以收腹的勁力直接做上舉動作，或使腳腕接觸單槓後再還原。（圖5-12、圖5-13）

圖 5-12   圖 5-13

　　動作中舉腿速度均勻，下落腿時稍緩慢些，應是有控制的下落，不能以擺動的力量，以免腰部受傷。

　　發展和鍛鍊腹直肌、腹外肌、髂腰肌和兩手的握力。

6. 腿部肌群練習

負重半蹲起：

　　兩腳自然開立，兩手握槓鈴托於肩膀上，然後屈膝下蹲，大腿與地面平行，接著快速伸膝站起，還原原式。（圖 5-14、圖 5-15）

　　發展和鍛鍊股四頭肌、臀大肌、腰部的肌群力量。練習的次數根據自身的情況來決定。

圖 5-14   圖 5-15

二、耐力訓練

耐力是拳手發揮技術的基礎，是決定拳手是否進行持久的活動的能力。耐力水準的強弱關係拳手技術發揮的效果，也常常決定一場比賽的勝負。

泰拳的耐力素質表現在兩方面。其一是訓練中所必需的身體力量耐力；其二是速度耐力。它體現在搏擊的較短時間內拳手能夠保持的一定的動作、力量、速度，並能在搏擊中發揮出動作的一定強度和密度。

三、柔韌訓練

柔韌素質是拳手在運動中身體各關節的活動幅度和肌肉、韌帶的伸展能力。泰拳的柔韌訓練對身體的上肢、下肢、腰部、肩部和腕臂的部分進行全面的練習，提高身體各關節的活動能力，為掌握各種技擊法打下堅實基礎。

1. 空握拳

兩手在有條件的情況下空握拳，然後再張開指掌，練習指節的靈活和韌性。

2. 正壓肩

面對一個可以用手扶持的器具，以合適的距離站立，兩手分開，與肩同寬，兩腳分開站立，上身做前俯壓肩動作，做動作時挺胸、收腹、塌腰，力點集中在肩部。（圖5-16）

3. 反壓肩

背向一個器具站立並保持合適的距離，兩手經下向後伸，手心向下握住器具，然後兩腿屈膝使身體下落，向前拉壓，直到極限時止。稍停，再做動作。（圖5-17）

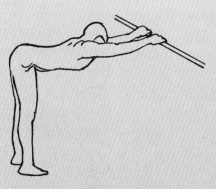

圖 5-16

圖 5-17

4.俯身背弓仰

兩腳開立，兩腿伸直，重心在兩腿間，頭正項直，挺胸直腰，收腹斂臀，眼看前方，兩手臂自然垂於體側，上身開始向前屈俯，兩手扶地後，還原站立姿勢。再做後仰身動作，兩腿隨後仰身時彎曲腿膝（圖5–18、圖5–19、圖5–20）。練習腰背部的柔韌性。

圖 5-18

圖 5-19

圖 5-20

5. 正劈腿

兩腿以一腿在前、一腿在後分開，身體向下坐壓，兩手可扶地進行屈俯腰胸動作（圖5–21）；然後調換兩腿動作，做另一腿在前的分開坐壓練習，鍛鍊髖關節的柔韌和靈活。

圖5–21

6. 橫壓腿

兩腿左右分開，身體向下慢慢坐壓，使髖關節儘量展開，坐於地上，上身可進行右側的俯身動作（圖5–22、圖5–23）；或者做上身向前俯地練習。

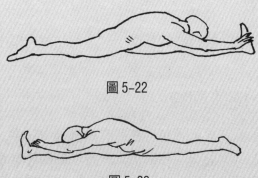

圖5–22

圖5–23

以上介紹的柔韌訓練方法是泰拳訓練中必須要求練習的，此外，也可以採用一些其他有益的柔韌練習來加強身體關節和韌帶的靈活性。

四、速度訓練

速度在泰拳技藝的發揮中起著極其重要的作用。在泰拳的搏擊中，拳手可以利用快速的動作來隨時掌握搏擊的主動權，並能夠及時察覺對手的意圖，緊接著做出相應的制敵策略。

泰拳的速度訓練，主要有以下幾個簡單有效的方法。

1. 短跑

訓練時，拳手可以進行 60 公尺的短跑練習，用最快的速度跑步。

2. 跳繩

這一方法可以有多種用途。

3. 擊影

在熟練的各種技法的基礎上，進行快速的擊出和收回練習。

五、技能訓練

技能訓練其實已經包含在所有的訓練方法中，這裏僅是指出技能訓練的一些相關情況。技能訓練時泰拳的動作運用時的力量、耐力、靈敏、柔韌、速度的結合和高效的

體現。

技能訓練中要做到以下一些要求，才能使拳手的技藝更加完美。

1. 基本動作正確

無論練習哪一種拳招拳式，都一定要具備正確的姿勢，才能有利於拳手的技術得到充分的發揮，並且在訓練中養成很好的自然放鬆的方法，又能夠在最短時間內做出最快的反應。

2. 動作協調

練習泰拳不僅要練會一招一式，更要對其反覆推敲，發現訓練中的毛病和錯誤，逐漸使動作和移動的步伐正確協調。

3. 動作質量達到要求

初步掌握泰拳的技法後，要使自己的動作有一定的力量、速度、爆發力，需要拳手經過反覆的訓練，提高動作的質量標準，才能逐步達到較高的水準。

4. 本能地動作

泰拳技藝達到最高水準的標誌是拳手能夠本能地發招和下意識地積極防守，要達到這個標準，在平日的訓練中，要使自己的技術達到純熟，技法變勢協調，最後能夠本能地發招，收放自如，這才叫登上了泰拳技藝的高峰。

六、抗擊打能力和硬度

如果拳手在以上的各種練習中有了較大收穫，自會獲得一定的抗擊打能力和拳腿的硬度。

拳手身體和四肢的堅韌和抗擊打能力，來源於常規訓練後的打檸檬、打沙袋、各種拳靶、與助手對打、自我擊打、踢打香蕉樹等訓練中積累起來的。

第二節　泰拳訓練的相關問題

這一節介紹一些泰拳訓練中經常遇到的問題，以供大家探討。

泰拳經過歷代拳師的千錘百煉，成為一項運動技擊性極強的技擊法，在理解泰拳對人的意志和肢體進行艱苦磨練的同時，對於這種實戰功夫的訓練中的一些易於被人們忽視的問題也要引起必要的注意。

一、拳手要有良好的道德

道德是社會意識形態之一，是人們生活中共同的行為準則和規範，是以善與惡、正義與非正義、公正與偏失、誠實與虛偽等等來評價人們的行為和調整人們之間的關係。人的道德品質如果較為低下，就會有損於健康。道德品質低劣的人，名利薰心，遇事斤斤計較，總想算計別人，又怕他人報復。有這種不良情緒的人是不能學習泰拳的，這種人有可能傷害他人，也會最終害了自己。

良好的道德品質可以促進社會的安全，使學習泰拳的

人們增進友誼，學會包容，學會理解。

二、自我健康保健的監護

學習泰拳時，拳手應當具備良好的情緒，保持規律性的生活作息，講究良好的衛生習慣，注意飲食的科學性。如果是職業拳手，要很好地保持職業生活的生活方式，以符合職業擂臺生涯的需要。

良好的情緒可以使拳手的訓練能夠在愉快的心境裏進行，也符合泰拳的一種自我素養方面的鍛鍊要求。拳手擁有良好的情緒，他就會巧妙地把沉重的訓練壓力進行化解、鬆弛和淡化，面對訓練和比賽中的種種困難迎刃而上。養成良好的衛生習慣，每次訓練後不是立即去沖涼，而是稍過一段時間再做好個人衛生。科學的飲食對於拳手有著特殊的意義，如果拳手在飲食上沒有限制而食用一些對身體有害的食物，會影響拳手的反應能力和產生許多其他不利後果。

三、泰拳的訓練價值

泰拳作為一項體育運動，它的價值意義，可以說既在運動之內，又在運動之外。泰拳的發展成果，讓泰國人在世界上都能夠引為自豪。在古代，不少王朝的泰國帝王以泰拳來安定家園。先進泰拳仍是泰國的一項重要的體育運動，關係到泰國的許多利益。

泰拳可以教會人們一種振奮的精神，激發拳手的進取態度，更有一種振奮國家榮譽的精神。它還具有娛樂的作用，使人們在閒暇的時間裏，在泰拳的運動比賽中尋求放

鬆和快樂，在挑戰中尋求自身的價值，體驗和品味泰拳中那種力量、速度、技巧和能量的綜合感受。更重要的一面是泰拳體現在軍事上的作用。泰拳作為泰國軍事訓練的重要內容之一，扮演了十分重要的角色，成為泰國軍隊擒拿格鬥技術的主要內容。泰拳的運動價值，在於它所創造的商業價值越來越明顯。此外，透過與各國運動員的比賽，也增進了各國的友誼和瞭解。

四、泰拳訓練對肌肉的生理功能變化

泰拳的強度訓練，表現在肌肉活動時的收縮和放鬆，是在大腦的統一指揮下有目的的運動。肌肉在運用時產生一定的收縮，在這個收縮過程中肌肉產生一系列複雜的生物化學變化。長時期的肌肉伸縮活動，可使肌纖維變粗，毛細血管擴張，肌肉就變得很有力量了。

經由一系列泰拳的練習，肌肉逐漸消耗了一些能量物質，也產生了新陳代謝物，肌肉開始出現疲勞，運動能力也逐漸下降。運動疲勞是訓練中肌肉的變化反應，經過一段時間休息後，肌肉的能源物質會得到一定的補充，運動能力也逐步恢復。掌握好運動中肌肉的變化情況，對泰拳的訓練有十分重要的意義。特別是在泰拳的強度訓練中，肌肉出現的疲勞能夠在短期內得到恢復，堅持訓練下去，肌肉會增粗，力量會隨之增大。

五、泰拳訓練對骨骼的生理功能的變化

骨骼是身體的運動器官的主要組成部分。骨骼在一般

情況下起著支架的作用，而在運動時它則起到槓杆的作用。骨質的硬度是骨骼中的無機物和有機物的配合來決定的。

泰拳的訓練可以促進骨骼的生長的同時，還會使骨骼密質變厚，骨直徑面增粗，肌肉和骨骼接觸處，受到肌肉和肌腱的牽拉，骨表面會顯凸起，這會使骨骼具有堅韌性和抗擊受力性。

泰拳的訓練會使骨骼對抗外力的機械作用有著明顯的增強性，加強了骨骼的抗彎性和抗擊打能力。泰拳訓練在增強肌肉力量的同時，對骨骼的關節也有著很好的保護作用，由此分散外力對骨骼的直接撞擊而產生了減緩衝震的作用。泰拳和其他體育運動一樣，運動在使骨骼得到鍛鍊的同時，還因骨骼受肌肉的牽拉而促進了鈣的吸收。

六、泰拳使人們精神振奮，提高自信心

泰拳事宜的運動訓練會使人們在一種輕微疲勞感的情況下，產生出鎮痛、鎮靜、情緒愉快，並伴有一種躍躍欲試的心態。

當拳手置身於搏擊中並戰勝了對手時，會產生一種快感，能較大程度地提高自己的信心和意志力，增強了拳手戰勝消極情緒的能力，提高了拳手承受壓力的能力。

七、泰拳訓練的疲勞

泰拳訓練到一定程度會出現疲勞反應。這種疲勞反應是拳手本身運動所引起的身體活動能力下降的一種暫時的

狀態。疲勞在訓練中是一種保護性的生理反應，一般都是暫時現象，經過合理的休息或調整會恢復正常。另外一定要注意，疲勞有相當一部分屬於精神上的，拳手如果精神負擔過重就很容易引起疲勞。有時，身體上和精神上的疲勞會相互影響。

泰拳訓練所產生的疲勞屬於正常情況，如果訓練中沒有疲勞現象產生，就達不到一定的訓練目的，身體機能也難以得到提高。身體出現疲勞，會使體內發生一系列的生理性變化，能量的供需失衡，體內的代謝物增多，如不能及時轉化，體內的脂肪酸就不能得到充分的利用，從而形成體內的物質的不均衡狀態，使得身體的協調能力發生紊亂，較快地形成了疲勞。

八、訓練產生的疲勞與恢復

泰拳訓練產生的疲勞，分為身體上的和精神上的兩種情況。身體上一般表現為訓練之後產生的急性疲勞，這種現象是身體肌肉在過度運動後，因為氧的缺乏，使肌肉處於一種負氧的狀態，其中的代謝物乳酸堆積於肌肉的組織中，身體開始出現了肌肉無力、酸痛、關節僵硬、動作有點笨拙、身體感到累的疲勞現象。甚至出現精神疲憊、無精打采、反應不及時，以致出現困倦的現象。這些都是精神疲勞的表現。

對於身體疲勞的消除，應採取積極的休息、睡眠和營養、服用藥物和物理性理療幾個方面進行。積極的休息，是在訓練後用一定的方法放鬆訓練形成的緊張狀態，採用緩和的動作讓劇烈的運動停下來，最後達到靜止狀態。要

注意的是，不能在劇烈運動狀態下突然停下來立即進入靜止狀態，那樣不但無益，反而有害於身體主要血管、神經系統以及腎臟的生理反應，達不到消除疲勞的目的。

睡眠特別有利於身體疲勞的快速消除。疲勞產生後，一個好的睡眠，能使身體的意識活動形成暫時的停止狀態，大腦機能也處於一種抑制狀態，體力和精力得到充分的休息和恢復。與睡眠相關的營養補充也非常重要，訓練中消耗了大量的能量，因此在飲食中要補充富含蛋白質、維生素、無機鹽、糖和脂類的食品，以滿足身體在運動中的需要。

服用藥物消除訓練中產生的疲勞，也有一定的幫助。可以選用一些維生素 B_1、三磷酸腺苷、能量合成劑等方面的藥物來消除疲勞。

物理性理療法，是採用電療、熱療、按摩機等一些物理性理療法，同時，也可以用熱水浴，都可以有效地消除疲勞。

九、如何掌握泰拳的運動訓練量

運動量是指身體在訓練中所能承受的「生理性負擔量」，也稱為「運動負荷」。運動量的計算是一個複雜的概念，而影響運動量的重要因素是訓練中的強度、密度、時間和訓練的數量等方面。改變訓練中的這幾個因素，會影響訓練的運動量和身體生理負擔量的大小。訓練中，訓練的數量是基礎，訓練的強度是核心，訓練的密度則調節著訓練的強度。

如何掌握泰拳的訓練量？在訓練中要因人而異，區別

對待，循序漸進，量力而行。訓練的強度可用堅持的時間來掌握。在訓練中還要注意安全問題，安全是訓練中的首要原則要求，一旦出現不合理的運動，會促使心臟的心室纖顫，甚至心跳驟停的情況突然發生，嚴重的有可能危及生命。開始訓練時，必須按照合理的訓練方式控制運動量。如果訓練中出現疲勞、肌肉或關節酸痛、睡眠不好等狀況，就要立刻調整訓練量。此外，在每次訓練前，都要先做一些熱身準備活動。

因人而異、區別對待的原則，是指訓練中各個拳手的性別、年齡、體質、健康狀況均有不同，他們的運動承受能力也就不同。即使有些拳手在這幾方面相似，也會在訓練中有不同的反應。所以在訓練拳手時，要根據實際情況制定切合實際的運動量計畫，區別對待不同的拳手。

循序漸進、量力而行的原則，應是在訓練中拳手的身體對訓練的刺激適應性和承受能力的一個逐漸的提高過程，這種提高要在漸進的過程中進行。泰拳的訓練應由易到難，由簡單到複雜，運動的強度由小到大，運動的時間也由短到長，使身體逐步得到適應，同時可以預防運動損傷或意外的發生。

十、訓練和飲水問題

拳手訓練中的飲水是個很重要的問題。水在人體內占體重的 70%以上，水是僅次於氧的維持生命所必需的物質。人的身體對水的需要以年齡、體重、氣候、膳食、代謝和運動的強度的不同而有所不同。

當身體脫水時，人會口渴，同時會引起心血管系統的

負擔，造成心率加快、血壓下降、體溫升高、組織缺氧、煩躁不安、代謝紊亂等一系列的身體連鎖反應。而飲水過多，又會引起體內因水量過多形成瀦留，細胞外液量增加，水和電解質的比例失調，從而使血鈉降低。

拳手在訓練中要適當攝入一些水，以補充體內喪失的水分，使體內營養素均衡。注意在訓練中的飲水要適時、適量，不要在口渴難耐時才去補充水，這樣做對身體和訓練都沒有好處。

十一、訓練和停止訓練對肌肉力量的影響

拳手的肌肉力量的發展受到負荷強度、動作速度、動作強度、練習的重複次數和間歇時間諸多因素的影響。如果拳手停止訓練，就會使訓練中獲得的力量逐漸消退。實踐表明，力量的消退速度是提高速度的三分之一，也就是說，由訓練力量提高的速度較快，停止訓練後力量的消退速度也較快。

經過長期訓練而產生出來的力量，保持的時間會相對長一些，但是即使是這種長期訓練產生出來的量，也會因為長時間的停止訓練而逐漸消退，最後只能保持一小部分的力量，因而一個拳手想要保持和發展力量，必須進行有計劃的強化訓練，並且能夠一直堅持下去。

國家圖書館出版品預行編目資料

泰拳基礎訓練讀本 / 舒建臣　編著
——初版，——臺北市，大展，2008〔民 97.06〕
面；21 公分，——（武術、武道技術；3）
ISBN　978－957－468－615－5（平裝）

1. 拳擊　2. 泰國

528.971　　　　　　　　　　　　　　97006364

泰拳基礎訓練讀本　　ISBN　978－957－468－615－5

編　　著/舒建臣
責任編輯/張建林
發 行 人/蔡森明
出 版 者/大展出版社有限公司
社　　址/台北市北投區（石牌）致遠一路 2 段 12 巷 1 號
電　　話/（02）28236031・28236033・28233123
傳　　眞/（02）28272069
郵政劃撥/ 01669551
網　　址/ www.dah-jaan.com.tw
E - mail / service@dah-jaan.com.tw
登 記 證/局版臺業字第 2171 號
承 印 者/傳興印刷有限公司
裝　　訂/建鑫裝訂有限公司
排 版 者/弘益電腦排版有限公司
授 權 者/北京人民體育出版社
初版 1 刷/ 2008 年（民 97 年）6 月

定　價/ 330 元

●本書若有破損、缺頁敬請寄回本社更換●

大展好書　好書大展

品嘗好書　冠群可期